DU

DROIT DE PRÉFÉRENCE

EN MATIÈRE DE

PURGE DES HYPOTHÈQUES LÉGALES

DISPENSÉES D'INSCRIPTION ET NON INSCRITES

OU

RÉFUTATION DE LA JURISPRUDENCE DE LA COUR DE CASSATION SUR
LES CONSÉQUENCES ATTACHÉES A CETTE PURGE.

Par M. BÉNECH,

PROFESSEUR A LA FACULTÉ DE DROIT DE TOULOUSE,
Secrétaire perpétuel de l'Académie de législation de la même ville,
Membre de la Légion-d'Honneur, etc.

PARIS

ALPHONSE LECLÈRE, LIBRAIRE-ÉDITEUR,
Rue Soufflot, 9.

1853

DU

DROIT DE PRÉFÉRENCE

EN MATIÈRE DE

PURGE DES HYPOTHÈQUES LÉGALES

PARIS. — Impr. LACOUR ET Cᵉ, rue Soufflot, 15.

DU

DROIT DE PRÉFÉRENCE

EN MATIÈRE DE

PURGE DES HYPOTHÈQUES LÉGALES

DISPENSÉES D'INSCRIPTION ET NON INSCRITES

ou

RÉFUTATION DE LA JURISPRUDENCE DE LA COUR DE CASSATION SUR
LES CONSÉQUENCES ATTACHÉES A CETTE PURGE.

Par M. BÉNECH,

PROFESSEUR A LA FACULTÉ DE DROIT DE TOULOUSE,
Secrétaire perpétuel de l'Académie de législation de la même ville,
Membre de la Légion-d'Honneur, etc.

PARIS

ALPHONSE LECLÈRE, LIBRAIRE-ÉDITEUR,
Rue Soufflot, 9.

1853

DROIT DE PRÉFÉRENCE

EN MATIÈRE DE

PURGE DES HYPOTHÈQUES LÉGALES

DISPENSÉES D'INSCRIPTION ET NON INSCRITES.

———

I. Parmi les décisions rendues par la Cour de cassation, dans le courant de sa dernière session, celle qui a consacré, par l'autorité d'un arrêt rendu, chambres réunies, sur le rapport de M. Faustin Hélie, et contrairement aux conclusions remarquables de M. le procureur général Delangle, la précédente jurisprudence de cette cour, sur les effets attachés à la purge des hypothèques légales, dispensées d'inscription, et non inscrites, en jugeant que la purge éteint l'hypothèque aussi bien à l'égard des créanciers et du prix qu'à l'égard de l'acquéreur et de l'immeuble (1), mérite une attention toute particulière.

Les conséquences de cette doctrine sont en effet incalculables; elles pèsent à chaque instant et de la manière la plus désastreuse sur des patrimoines dont la conservation intéresse l'État (2); elles causent à ces patrimoines un grave dommage quand elles ne les ruinent pas de fond en comble.

En présence d'un mal si considérable et dont le remède peut se faire attendre, si on l'ajourne jusqu'à la révision de nos lois hypothecaires, il est donc bien permis au jurisconsulte de soumettre au plus scrupuleux examen les bases sur lesquelles repose une pareille doctrine; et s'il reconnaît que ces bases sont erronées, de le dire.

Un long et sérieux examen m'a fait ranger du côté de ceux qui ne peuvent accepter la solution de l'ar-

----

(1) Arrêt du 15 février 1852 portant cassation d'un arrêt de la cour de Nîmes. — Vidal et autres contre Vabre. (Devilleneuve et Carrette, 1852, 1re partie, pag. 81 et suiv.) Dalloz, R. P., 257, 1852, I, 39 et suiv. S. P., 1852. — On y trouve la notice des arrêts rendus pour et contre et la mention des auteurs qui se sont prononcés sur la question. — Voir aussi dans la *Revue critique de jurisprudence*, tom. II, 2e année, 1852, pag. 403 et suiv., les observations de M. Pont, actuellement président du tribunal de Corbeil.

(2) M. Portalis, séance du conseil d'État du 19 pluviôse an XII.

rêt du 23 février. Je la crois contraire au texte comme à l'esprit de nos lois, et je viens chercher à faire partager aux autres les convictions dont je suis moi-même animé.

Il semble qu'il est peut-être un peu tard pour s'engager dans l'examen de cette grande question, qui divise depuis plusieurs années les tribunaux et les auteurs les plus expérimentés. Mais la Cour de cassation a donné si souvent l'exemple d'un retour salutaire aux saines doctrines qu'elle avait un instant méconnues, et les vives lumières qui brillent dans son sein offrent d'ailleurs de si précieuses garanties pour le triomphe définitif de la vérité, que la résistance doctrinale est, non pas seulement un droit, mais un véritable devoir.

Je me forme d'ailleurs cette opinion de la mission du jurisconsulte, qu'il doit ressembler au laboureur qui ne se lasse jamais de tourmenter la terre pour en obtenir de meilleurs fruits, et on peut dire, sans crainte d'être démenti, que sur le terrain du droit, de nouveaux labeurs sont toujours empreints d'une certaine fécondité, et que là aussi c'est le fonds qui manque le moins.

II. Après avoir pesé consciencieusement tous les éléments de cet important débat, j'ai cru reconnaître que la cause de l'erreur dans laquelle on parait vouloir persévérer provient principalement de ce que des textes importants, épars dans des Codes autres que le Code Napoléon, n'ont pas été mis en cause, et surtout de ce que l'histoire du droit n'a pas été suffisamment interrogée.

On a bien parlé de l'ancien droit, du système des décrets volontaires en matière de purge d'hypothèques, du système de l'édit de 1771, ou des lettres de ratification, qui lui succéda. On a parlé aussi de la législation transitoire et des travaux préparatoires du Code; mais on n'a fait qu'effleurer pour ainsi dire ces éléments de doctrine si féconds; on ne les a pas remués assez profondément, on n'a pas fouillé d'une manière assez intime dans les secrets qu'ils contiennent, et qui, révélés, doivent répandre la plus vive lumière sur le problème à résoudre. On n'a d'ailleurs, en invoquant quelques-unes des parties de l'ancien droit, jamais procédé par voie d'ensemble. Les divers anneaux de la chaîne, qui remonte au droit romain pour aboutir à nos Codes, sont restés isolés ou séparés l'un de l'autre; et l'esprit n'a pu être frappé alors par l'imposante autorité et l'harmonie si souvent décisive du mouvement général du droit : c'est cette restitution que je me propose de faire aujourd'hui. La philologie elle-même me fournira de précieux secours, et le droit romain, malgré les différences profondes qui distinguent son système hypothécaire du nôtre, sera loin de rester stérile.

Enfin, la philosophie, qui met en lumière les causes

du droit, naîtra, selon l'usage, des documents que l'histoire m'aura procurés. C'est donc à la connaissance exacte et complète de l'histoire du droit qu'il faut s'attacher. Leibnitz disait que l'histoire interne du droit en contenait toute la substance (1) et, dans le siècle où florissait cet illustre philosophe, un de nos jurisconsultes les plus savants, le commentateur des Institutes coutumières de Loysel, Eusèbe de Laurière, écrivait qu'il était difficile de faire de grands progrès dans la jurisprudence française, sans remonter jusqu'à la source; qu'il avait toujours tâché de l'étudier historiquement; qu'aussi la plupart des fautes qu'avaient faites ceux qui l'avaient maniée venaient de ce qu'ils n'en avaient pas assez connu l'origine, et il ajoutait qu'il fallait prendre de cette manière chaque matière en particulier, et faire des dissertations sur chacune (2). La maxime que posait Leibnitz, et les méthodes que recommandait Eusèbe de Laurière, ne m'ont paru jamais mieux justifiées que dans cette circonstance. C'est en m'inspirant des conseils de ce dernier que j'ai entrepris cette dissertation spéciale ou monographie. Dans les traités généraux sur les priviléges et hypothèques, il a été impossible de donner une place assez large à tous les développements

(1) Nova methodus.

(2) Éloge d'Eusèbe de Laurière, par Secousse (Institutes de Loysel, édition Dupin et Laboulaye, tome I, page 78.

qu'exige la thèse dont je dois m'occuper. La mono-graphie, au contraire, laisse toute l'ampleur désirable, et j'estime d'ailleurs que ce genre de travaux présente une incontestable utilité, surtout quand la littérature du droit abonde, comme de nos jours, en commentaires sur les titres particuliers du Code, ou sur l'ensemble du Code lui-même.

III. Bien que la question de la purge des hypothèques légales touche naturellement à l'ensemble du système hypothécaire, je n'emprunterai aux diverses parties de ce système que ce qui me sera absolument nécessaire pour asseoir mes démonstrations. Il me faudra pourtant quelquefois, bien qu'à regret, insister sur des propositions dont la solidité paraissait incontestable, et présenter la même idée sous des formes différentes. Mais il m'a paru qu'en cette matière on a pris trop souvent à tâche d'ébranler ou d'obscurcir les vérités les plus élémentaires : je serai donc nécessairement obligé de les rétablir.

IV. Parmi les documents ou monuments historiques que j'aurai à passer successivement en revue, j'attacherai une importance toute particulière à deux choses : 1° au changement profond qui est résulté, en ce qui touche la déchéance, de la substitution du système de la publicité à celui de la clandestinité, changement qui a fait passer la déchéance du domaine du droit civil dans le domaine de la procédure ; 2° à la vérification des travaux préparatoires du Code Napoléon.

Il est des sections de ce Code pour lesquelles ces travaux ont été arides ou frappés d'une sorte de stérilité ; d'autres fois l'esprit du législateur ne s'en dégage que d'une manière laborieuse, et la lumière ne peut se faire jour qu'à travers des nuages qui empêchent d'en bien saisir tous les rayons. Ici, au contraire, les travaux préparatoires sont abondants, féconds et permettent de pénétrer le véritable esprit des textes. C'est que le système hypothécaire avait été longuement mûri ; son élaboration avait été préparée par des travaux importants ; la transition de la loi de messidor an III à celle de brumaire an VII, comme la transition de la loi de brumaire an VII au Code, avait fortement excité l'intérêt et les méditations des publicistes et des jurisconsultes, dont la mission était de façonner les éléments de la législation nouvelle que le gouvernement consulaire destinait à la France. Tout système hypothécaire n'engage-t-il pas nécessairement les plus hautes questions de l'économie politique et sociale, les plus graves intérêts de l'agriculture, de l'industrie, du commerce, du crédit public comme du crédit privé? enfin par le côté des personnes incapables, des mineurs, des interdits, des femmes mariées, n'influe t-il pas essentiellement et directement sur le sort de la famille? — Les travaux préparatoires du Code Napoléon sur le titre des priviléges et hypothèques doivent d'ailleurs la plus grande partie de leur importance et de leur autorité, sur la solution du problème que je vais étudier, à l'ascendant décisif qu'exerça le premier Consul sur la discussion du projet dans le sein du conseil d'Etat. Les traces qu'il a laissées dans cette mémorable discussion sont des plus lumineuses, et en les suivant pas à pas, on tient comme par un fil la pensée qui est venue se formuler dans la loi vivante. Cette pensée, qui a triomphé des obstacles qu'elle avait rencontrés, consistait tout entière dans la conciliation des deux intérêts opposés que la purge des hypothèques légales met en jeu ; mais au lieu de respecter ce système conciliant, on l'a renversé pour mettre à sa place un système d'antagonisme entre des intérêts, qui ne peuvent même pas se rencontrer dans la purge, et de là il est résulté qu'au lieu de conserver et de protéger un patrimoine que l'on considérait comme sacré, on s'est trouvé entraîné à un système qui compromet ce patrimoine, quand il ne le risque pas entièrement. Mais je ne veux pas anticiper, et j'ai hâte d'indiquer, sans un plus long préambule, le plan que je suivrai dans ce travail.

Je le diviserai en quatre parties ; dans la première j'exposerai l'ancien droit ; dans la seconde, la législation transitoire ; dans la troisième, les travaux préparatoires du Code ; dans la quatrième, je mettrai les motifs de la Cour de cassation en présence des résultats historiques que j'aurai obtenus, et je m'efforcerai de réfuter les bases de sa doctrine.

PREMIÈRE PARTIE.

Histoire de l'ancien droit.

V. Cette première partie se subdivisera en deux titres:
le premier sera destiné à l'étude du droit romain ; le
second, à l'exploration des diverses phases de notre
ancienne jurisprudence.

TITRE PREMIER.

DU DROIT ROMAIN.

VI. Le système du droit romain sur le crédit public
et privé laissait infiniment à désirer, et cette branche
de l'économie sociale, qui tend à se développer tous
les jours au milieu de nous avec une si intelligente
activité, resta pour ainsi dire incomprise du peuple

législateur. On sait, en effet, que chez lui le système hypothécaire, d'après lequel les meubles comme les immeubles devenaient l'assiette d'une hypothèque, emprunté assez tard aux traditions de la Grèce, n'exige aucune condition de publicité. Le développement graduel de ce système nous montre successivement l'établissement de la fiducie, du gage et de l'hypothèque. — La fiducie transfère la propriété quiritaire au créancier au moyen de la mancipation, sauf au débiteur à ressaisir cette propriété au moyen d'une mancipation nouvelle, quand le créancier sera satisfait (1). Le gage proprement dit, conférant un droit réel ou absolu, n'existe qu'au moyen de la tradition faite entre les mains du créancier. L'hypothèque existe sans qu'il soit besoin de tradition, au moyen d'un simple pacte, en vertu du droit prétorien (2).

VII. On distingue trois espèces d'hypothèques ou de gages : l'hypothèque qui dérive de la convention, l'hypothèque tacite (que nous avons appelée légale), dérivant, sans convention, de l'autorité du droit ; enfin l'hypothèque établie par l'autorité du magistrat ou par l'effet de l'exécution de la sentence du juge : *Pignus prætorium, pignus judiciale.*

(1) *Vid.* sur la fiducie Gaïus, II, 59 et 60, et Paul, Sentences, liv. II, tit. 13, *De lege commissor.*

(2) Frag. 4., *De pign. et hypoth.*; Instit., liv. IV, tit. 6, § 7.

Considérée, quant à l'étendue des biens qu'elle frappe, l'hypothèque conventionnelle n'embrasse, en principe, que les biens qui en sont spécialement grevés. Quant à l'hypothèque établie sur tout le patrimoine du débiteur, elle enveloppe les biens présents et à venir.

Le pupille et le mineur jouissent d'une hypothèque tacite sur tous les biens de leurs tuteurs ou curateurs (1). Dans le dernier état du droit, la même faveur est accordée à la femme mariée pour sûreté de sa 'ot, de ses créances paraphernales et de la *propter nuptias donatio* (2). Dans un rang supérieur aux hypothèques on admet des priviléges. Ceux-ci se divisent en priviléges personnels et réels. Si les créanciers, ayant un privilége réel, sont préférés aux créanciers hypothécaires antérieurs, il n'en est pas de même des créanciers ayant un privilége purement personnel ; ils ne sont préférés qu'aux créanciers chirographaires ou n'ayant pas droit d'hypothèque. Mais leurs droits n'affectant pas la chose, c'est-à-dire n'ayant pas le caractère d'un droit réel dont nous allons parler, ils n'ont pas le droit de suite (3).

(1) Voir le *Traité* de Schilling, professeur à l'Université de Leipzig, traduit par M. Pellat, § 10 (213).

(2) *Ibid.*

(3) Voir le titre du Code : *Qui potiores in pignore*, et notamment la constit. 9.

VII *bis.* Dans l'origine, ce droit de suite, donnant aux créanciers la faculté d'obtenir des tiers détenteurs la restitution du gage, n'existait pas. Il ne pouvait pas sans doute être contesté dans la fiducie, et le créancier l'exerçait sous le nom de revendication, en qualité de propriétaire, tenant son droit de propriété quiritaire de la *mancipatio.* Il fut établi pour la première fois par le préteur Servius, qui accorda au propriétaire d'un héritage rustique une *actio rei persecutoria,* à l'effet de se faire restituer la possession des objets mobiliers appartenant à son fermier (*colonus*), affectés, par un droit de gage conventionnel, au paiement des fermages, et qui ont été distraits ou enlevés de la ferme. C'est la *Serviana actio* qui porte le nom de son auteur. Plus tard cette action est accordée par extension à tous les créanciers qui ont un droit de gage ou d'hypothèque : on l'appellera *quasi Serviana actio, actio hypothecaria* (1).

VIII. Le créancier hypothécaire a droit de vendre lui-même le gage (2); mais cette faculté n'appar-

___

(1) Inst., liv. iv, tit. 6, *De actionibus,* § 7. — Ce double mouvement du droit a été nettement caractérisé par M. Ducaurroy en ses Institutes traduites et expliquées, tom. ii, sur ce titre, 7ᵉ édition, nᵒˢ 1202 et 1203. — Voir aussi sur l'*Interdit* Salvien, Gaïus, IV, 147.

(2) Schilling, *Dict. loc.*

tient qu'au créancier le plus ancien (*antiquiori creditori*), en ce sens que l'acquéreur ne sera en sûreté, ou propriétaire incommutable, que lorsqu'il aura acheté de ce créancier. Celui-ci ne pourra d'ailleurs transférer la propriété de la chose qu'au moyen de la tradition suivant le principe du droit commun (1). Il lui importera donc d'obtenir la possession de la chose affectée, afin d'être en mesure d'en transférer la propriété, et de trouver ainsi des acheteurs.

Dans cet état de choses, il n'est pas surprenant que la plupart des conflits, entre créanciers qui disputent le rang d'ancienneté, aient eu lieu au sujet de la possession du gage. C'est là ce qui explique comment, dans l'économie des Pandectes et du Code, le titre *Qui potiores in pignore* précède celui *De distractione pignorum* (2).

IX. Les contestations qui s'élèvent entre créanciers pour établir leurs droits de priorité au prix de la vente du gage, quand ce prix n'est pas absorbé entièrement par le créancier le plus ancien qui a vendu, sont reléguées sur le second plan. Voilà pourquoi la séparation qui existe entre le droit de préférence et le droit de

(1) Non nudis pactis, sed traditionibus dominia rerum transferuntur (constit. 20 ; Cod., *De pact.*).

(2) Cujas en fait l'observation dans ses *Paratitles* sur le liv. 20 du Digeste, tit. v.

suite n'est pas dans le droit romain fortement accentuée, d'autant que les conflits qui ont lieu à raison de la priorité sur le prix sont, comme ceux qui s'élèvent sur le droit à la possession du gage, des conflits individuels, de véritables duels judiciaires livrés en champ clos, n'ayant rien de collectif et de général ou d'analogue à notre procédure d'ordre. Néanmoins la survivance du droit de préférence sur le prix non absorbé par le créancier le plus ancien (*superfluum* ou *hyperocha*) à l'action hypothécaire ou quasi-servienne, éteinte par la vente juridiquement faite, ne saurait être contestée (1).

X. Quand le créancier possesseur du gage le vend, il peut faire cette vente de gré à gré, pourvu qu'elle ait lieu ouvertement et loyalement (2). Il peut encore la faire avec publicité. La vente du gage ainsi *régulièrement* faite éteint toutes les hypothèques des créanciers postérieurs qui n'ont plus de droit que sur le prix. Dans les ventes publiques poursuivies d'autorité du magistrat (*subhastationes, auctiones*), on avertit les créanciers par des affiches publiques (*programmate publico*), et ceux qui, étant présents, n'exercent pas leurs droits d'hypothèque, sont censés y

---

(1) Voir en ce sens Th. Marezoll, traduit par M. Pellat, 2e édition, § 116.

(2) Schilling, *Dict. loc*, § 14 (217).

renoncer ; *pignus remisisse censentur*, dit la constitution vi, au Code, *De remissione pignoris* (1).

Cette renonciation présumée était-elle relative seulement à l'acheteur, ou bien produisait-elle encore des effets à l'égard des créanciers entre eux ? en d'autres termes emportait-elle la déchéance, en faveur de l'acheteur, de l'action *quasi Serviana* ou *hypothecaria* ou du droit de suite, et la déchéance du droit de préférence sur le prix (*jus prælationis*)? Quelques interprètes semblent n'appliquer la renonciation qu'à l'égard de l'acheteur (2) ; mais il me paraît que l'opinion de ceux qui l'étendent au droit de préférence (3) est plus logique et mieux en harmonie avec les principes généraux sur la renonciation à l'hypothèque, *remissio,* qui, en thèse du moins et tant qu'elle n'est pas faite *in favorem certæ personæ,* est un mode d'extinction absolue des hypothèques (4).

(1) Constitution des empereurs Dioclétien et Maximien. L'accomplissement de cette formalité, lorsqu'elle était pratiquée dans les ventes faites par les créanciers directement, devait logiquement produire les mêmes résultats.

(2) Notamment, Perezius sur ce titre du Code.

(3) Doneau , *Tractatus de pignoribus atque hypothecis,* § 13.

(4) Frag. 5, *Quib. mod. pig. vel hypotheca solv.* Cette question était au surplus très controversée, comme on le voit, dans le traité de Merlinus, *De pignoribus et hypothecis,* pag. 487 de l'édition que possède la bibliothèque publique de Toulouse, dite *du Lycée.*

XI. Comment les créanciers pouvaient-ils exercer leurs droits, *jus suum exequi,* dans le sens de la constitution qui vient d'être citée, et conserver ainsi leurs hypothèques, soit à l'égard des acheteurs, soit à l'égard des autres créanciers? C'est là ce que l'on ne peut apprécier. Mais il importe de constater que la déchéance des hypothèques, encourue par les créanciers gardant le silence quoique avertis, n'était opposable ni aux absents, ni aux furieux, ni aux pupilles, ni aux mineurs de vingt cinq ans, ni à la femme mariée, en raison de ses droits dotaux ou de ses gains de survie non ouverts (1). Les créanciers dont nous venons de parler, si le prix de la vente avait été payé à d'autres créanciers à qui ils étaient préférables, avaient incontestablement le droit de leur en demander plus tard la restitution. C'était là une conséquence naturelle du maintien de leurs droits d'hypothèque (2).

(1) Voir la constitution 6 déjà citée, le fragment 7, au Digeste, princip. et § 1er, *Quib. mod. pign. vel hypoth. solvit,* et Charles Loyseau, *De l'action hypothécaire,* liv. iii, no 26 du sommaire.

Quand le fisc poursuivait la vente, tous les créanciers sans distinction étaient tenus d'exercer leurs droits sous peine de déchéance. La constitution 8, au Code, *De remissione pignoris,* s'en expliquait nettement : elle en donnait cette raison que *fiscalis hastæ fides facile convelli non debet.*

(2) Si les créanciers ordinaires qui gardaient le silence malgré l'avertissement qui leur était donné, conformément à la consti-

Notons, en terminant cette exposition sommaire des principes du système hypothécaire des Romains, que dans ce système ténébreux, si favorable à la mauvaise foi, si périlleux pour les créanciers, et par cela même si hostile au crédit privé, où tout se passe dans l'ombre, il n'existe aucun procédé, aucune combinaison, qui permette à un tiers détenteur, par suite d'aliénations volontaires, de parvenir à ce que le droit moderne appelle *la purge des hypothèques* (1). Il n'existe pour lui aucun moyen de forcer les créanciers à se produire et à se manifester dans un délai déterminé, sous peine de perdre leur droit de suite ou action hypothécaire; et tant que ce tiers détenteur n'a pas la certitude que la vente lui a été consentie par le créancier le plus ancien, il reste constamment exposé à l'action hypothécaire qui peut venir, à chaque instant, fondre inopinément sur lui, puisqu'il est de

tution 6 déjà citée, n'étaient censés avoir renoncé à leurs droits d'hypothèque qu'à l'égard de l'acquéreur seulement, ils avaient très probablement une action en répétition contre ceux qui, étant dans un rang inférieur au leur, avaient à leur préjudice reçu le prix de la vente; car les premiers avaient, d'une *manière relative* du moins, reçu *sine causa* et se trouvaient ainsi vraisemblablement soumis à une *condictio*. (*Vid.* sur ce point le Répertoire de jurisprudence de M. Merlin, v° Opposition aux criées, § 3.)

(1) *Vid.* M. Bonjean, *Traité des actions*, tom. II, § 285. — Il y a fait ressortir avec une grande netteté les vices du système hypothécaire romain.

principe, comme on l'a dit, que l'action hypothécaire n'est éteinte que par la vente régulièrement faite et dans les conditions qui viennent d'être précisées.

XII. Tels sont les points de vue principaux qu'il importe de retenir, et que je résume de la manière suivante :

1° Le droit de préférence est historiquement antérieur au droit de suite ou à l'action hypothécaire (*quasi Serviana*), conséquence du droit réel, qui a pour objet la possession du gage (*rei avocatio*).

2° Il y a des priviléges purement personnels attributifs du droit de préférence, sans droit de suite (1).

3° De ces deux points de vue il résulte que, dans le système romain, le droit de préférence et le droit de suite sont distincts l'un de l'autre.

4° Il n'y a jamais eu d'hypothèque ou de privilége sans droit de préférence, ce droit étant, non pas seulement de la nature, mais de l'essence de l'hypothèque.

Le droit de suite est un attribut important du droit d'hypothèque, mais il n'est pas de son essence ou

____

(1) On en trouve la nomenclature dans la *Chrestomathie* de M. Blondeau, liv. II, sect. II, *Droit de propriété*. — (Appendice à l'art. 6, § 1, *Priviléges qui ne sont point accompagnés du droit de suite*, pag. 417 et suiv.)

n'est pas exigé pour qu'il y ait existence normale de l'hypothèque.

6° Si la séparation entre le droit de préférence et le droit de suite existe dans le système romain, elle n'y est pas très visiblement marquée, les questions de préférence s'exerçant principalement au sujet de la possession. Toutefois, si la vente du gage régulièrement faite entraîne l'extinction de toutes les hypothèques, elle laisse subsister les questions de préférence qui peuvent s'agiter sur la distribution du prix.

7° L'absence d'une procédure analogue à notre procédure *d'ordre* expose les créanciers qui ont été d'abord déclarés préférables sur le prix à des actions en restitution, de la part de nouveaux créanciers auxquels on ne peut, à cause de leur qualité, opposer une renonciation *présumée*, prise de ce qu'ils n'auraient pas exercé leurs droits d'hypothèque, bien qu'ils aient été avertis.

TITRE II.

DE L'ANCIEN DROIT FRANÇAIS.

XII *bis.* Je subdiviserai ce titre en deux chapitres ;
dans le premier, je traiterai du droit ancien antérieur
à l'édit de 1771 ; et dans le second, du droit nouveau
que cet édit établit.

CHAPITRE PREMIER.

DU DROIT ANTÉRIEUR A L'ÉDIT DE 1771,

XIII. Notre ancienne jurisprudence, qui ne pouvait rien puiser dans les institutions germaniques (1),
subissant sur ce point d'une manière trop obséquieuse
les traditions romaines, admit le système des hypothèques occultes, qui ne devait être renversé que par
celui de la loi du 9 messidor an III.

Toutefois, à côté de cette persévérance dans les

(1) Ces institutions admirent le droit de nantissement, mais
non le droit d'hypothèque. Klimrath, *Histoire du droit français,*
I, 301 et suiv. — Guichard, *Législation hypothécaire, Histori-*
que, § 2, tom I, pag. 16 et suiv. (Paris, 1810).

traditions romaines, qui avaient maintenu le droit commun des hypothèques clandestines, s'était établi un système de publicité dans quelques provinces du nord, connues sous le nom de pays de saisine et de nantissement. La Belgique, une partie de l'Allemagne, avaient adopté le même système ; en Bretagne, *l'appropriance était aussi basée sur la publicité.*

Dans le système de l'ancien droit, l'hypothèque résulte de toute obligation constatée par un acte notarié ou reconnu en justice ; elle résulte aussi des condamnations judiciaires, et de la loi ; elle frappe, par la généralité, sur tous les biens présents et à venir du débiteur ; les meubles ne sont plus, comme sous le droit romain, susceptibles d'hypothèque.

XIV. Toutefois, il était certaines parties de la France où les meubles étaient susceptibles d'hypothèques, sans toutefois que le créancier eût droit de suite , lorsque ces meubles se trouveraient entre les mains des tiers. Ce droit était pratiqué dans les coutumes d'Anjou, Maine, Bretagne, Normandie (1), et dans quelques parties des pays de droit écrit (2), comme

(1) Pocquet de Livonnière, *Règles du droit français*, chap. IX. — *Des hypothèques*, n° 35, pag. 488. — Prévost de la Janès, tom. I, pag. 201.

(2) Argou , *Institution au droit français*, des Gages, Hypothèques, etc. liv. IV, chap 3.

par exemple dans le ressort du parlement de Toulouse (1).

Le droit français montra donc bien clairement sous ce point de vue la séparation qui pouvait exister entre le droit de préférence et le droit de suite, ou, si l'on veut, que le droit d'hypothèque pouvait se passer du droit de suite.

Cette séparation ou plutôt cette indépendance du droit d'hypothèque de l'un de ses auxiliaires devint beaucoup plus sensible que dans le droit romain, car le créancier n'ayant plus dans notre jurisprudence le droit de vendre lui-même le gage qui doit toujours être aliéné d'autorité de justice, et le droit de provoquer la vente forcée n'étant pas une prérogative accordée à l'antériorité, les questions de préférence ne s'agitèrent plus au sujet de la possession du gage, mais uniquement sur le prix provenant de la vente. Et comme la distribution du prix suivait(2) en général

---

— Pothier, *De la procédure civile*, 4° partie, chap. ii, section iii, art. 7. — Répertoire de M. Merlin, V° Hypothèques, sect. iii, § 3; et M. Valette, *Priviléges et hypothèques*, n° 13.

(1) Serres en ses *Institutes sur le droit français*, liv. iii, tit. xiv, § 4.

(2) Dans quelques juridictions et notamment au Châtelet de Paris, l'ordre se faisait avant l'adjudication du décret. Il en était

la vente on voyait clairement le droit de préférence survivre au droit de suite.

XV. Le droit romain, malgré toutes ses sympathies pour la propriété, ne fournissait pas, comme on l'a vu, au tiers détenteur d'une chose hypothéquée le moyen de se débarrasser des hypothèques et de payer sûrement le prix. Cependant l'expérience allait, démontrant de plus en plus que cette situation était intolérable, fatale au crédit public comme aux premiers intérêts de l'agriculture, gênante pour la circulation des immeubles, et contraire par suite à toutes les idées d'économie sociale et politique. L'homme ne s'attache pas aux biens qu'il peut perdre ; il ne bâtit pas, il ne sème pas, il ne plante pas avec confiance sur un sol dont il peut être à chaque instant dépossédé, et qu'il n'est pas sûr de transmettre à ses enfants. Il n'achète pas facilement un héritage dont la possession va l'exposer aux actions hypothécaires des créanciers, à des luttes et des froissements qu'on recherche peu. La fixité de la propriété des immeubles doit être considérée comme une des premières nécessités dans l'état de société. Il fallut donc songer, surtout, quand,

de même dans les ressorts des parlements de Bordeaux, de Dijon et de Besançon. Le droit de préférence produisait alors ses effets avant que le droit de suite eût été éteint. — Guichard, *Code des expropriations* (Introd., pag. 51), Paris, thermidor an viii.

au déclin de la féodalité, la terre fut plus convoitée et mieux cultivée, au fur et à mesure qu'elle s'émancipait des étreintes du servage et du vasselage, à inventer une combinaison propre à réaliser ce que les modernes ont qualifié de purge des hypothèques. Les jurisconsultes, qui n'avaient ici rien à emprunter au droit romain, ne surent créer à cet égard, par imitation des usages de l'appropriance établie en Bretagne (1), d'autre mécanisme que celui des décrets *volontaires*. Il fut ainsi appelé, parce que la saisie était faite du consentement de l'acheteur; les formalités en furent calquées sur celle des *décrets forcés* (2).

XVI. Puisque les décrets volontaires furent calqués sur les décrets forcés, il est indispensable d'exposer quelques principes sur ces derniers décrets.

Poursuivis par les créanciers hypothécaires sur les immeubles du débiteur, ils étaient soumis à de longues et nombreuses formalités, qui furent réglées au xvie siècle par l'édit des criées d'Henri II (3). Plus

(1) Cette imitation est généralement considérée comme constante. *Vid.* d'Héricourt, *Vente d'immeubles*, et Grenier, *Rapport du titre des hypothèques au nom du Tribunat;* Fenet, xv, 482.

(2) Pothier, *Procédure civile*, partie iv, ch. ii, art. 14, *Des décrets volontaires.*

(3) Édit de 1551. Les coutumes réglaient aussi quelques-unes de leurs formalités. Voir notamment le tit. 16 de la coutume de Paris, *Des criées*, et les commentaires de cette coutume.

favorisés que dans le droit romain, ils offrirent plus de garanties aux adjudicataires. Ainsi ils éteignaient, dans l'intérêt de l'acquéreur, toutes les hypothèques, sans qu'il fût besoin d'aucun avertissement préalable et spécial (1), ressemblant au *programme public* des Romains, et, sans distinction entre la qualité des créanciers. Les absents, les furieux, les mineurs, les pupilles, la femme mariée pour sa dot et pour des reprises paraphernales, ne jouissaient plus d'une exception, et se trouvaient régis par le droit commun. Il y avait pourtant exception à l'égard du douaire non ouvert (2).

Non-seulement les hypothèques, mais les autres droits réels, et le droit de propriété lui-même, se trouvaient effacés par le décret, s'ils n'avaient pas été conservés par des oppositions afin de charge ou de distraire.

L'action hypothécaire qualifiée d'action en décla-

---

(1) La publicité de la procédure des criées suffisait pour avertir les créanciers. Le droit français érigea ainsi en droit commun la constitution 8 au Code, *De remissione pignoris*. (*Vid.* ci-dessus note 1 de la page 22.)

(2) Ce point de droit est très nettement établi par Loyseau en son traité *Des actions hypothécaires*, liv. III, chap. 7, n° 7. — Voir aussi Eusèbe Delaurière sur la maxime de Loysel (liv. VI, tit. 15, n° 904) : « Le décret nettoye toutes hypothèques et droits. » D'Héricourt, *Traité de la vente des immeubles par décrets*, chap. 9, et Pothier, *Introduction à la coutume d'Orléans*, tit. 21.

ration d'hypothèque, ou le droit de suite, étaient donc nécessairement éteints par l'effet du décret à l'égard de tous les créanciers indistinctement. Pour ce qui est du droit de préférence, les créanciers étaient tenus, pour le conserver, de former *opposition* (1). Cette opposition leur assurait le rang auquel ils avaient droit d'après leurs priviléges et hypothèques, rang qui était fixé d'une manière collective, par un jugement connu sous le nom de *jugement d'ordre*. Faute d'opposition, les créanciers, sans aucune distinction de qualité, étaient déchus de leurs droits de priviléges et d'hypothèques, c'est-à-dire de leur droit de préférence. *Qui se non opponit excluditur*, disait Dumoulin, sur l'art. 197 de l'ancienne coutume de Paris. (2)

Quels étaient les motifs sur lesquels reposait la déchéance des hypothèques, attachée au défaut d'opposition? Pour les créanciers présents et maîtres de leurs droits, on pouvait bien leur appliquer la renonciation tacite ou présumée, admise par la constitu-

(1) *Se opponere :* mot emprunté sans doute par les légistes du moyen-âge au droit romain et synonyme de *contradicere* ou de *prohibere. Vid.* le frag. 20, § 1, de Paul, *Quod vi aut clam.* — Ce mot est déjà en usage au xive siècle, comme on le voit dans Joannes Faber, In Justinian. Cod. Breviar., *De remissione pign* , pag. 319.

(2) Voir le titre xvi de cette coutume, et les art 15 et 14 de l'édit des criées de 1551.

tion vi, au Code, *De remissione pignoris*. Mais elle ne s'appliquait ni aux absents ni aux incapables, qui étaient préservés de la déchéance par le droit commun et par la loi 7, au Digeste, *Quibus modis pig. vel., hypothec. solvitur* (1). Ce fut donc par d'autres raisons qu'on leur appliqua la déchéance générale, ou plutôt la déchéance fut basée sur des motifs appliqués à tous les créanciers indistinctement.

XVII. Ces motifs sont expliqués par les auteurs de la manière suivante.

Ainsi d'Héricourt disait :

« On ne peut rendre d'autre raison de cette juris-
« prudence, dit-il, qui paraît rigoureuse, sinon qu'il
« est de l'intérêt public que ceux qui ont acquis des
« biens sur la foi de la justice ne puissent être inquié-
« tés sous quelque prétexte que ce soit, *ni que ceux*
« *qui ont touché, en conséquence d'un jugement, ce*
« *qui leur était dû, soient obligés, quelques années*
« *après, de rapporter ce qu'ils ont reçu* » (2). Cette dernière considération qui motive la perte du droit de préférence mérite d'être notée.

Pigeau écrivait de son côté : « Ceux qui ont formé
« opposition pendant ce temps l'emportent sur ceux

---

(1) Pothier, *De l'hypothèque*, chap. iii, § 5 ; et introduction à la coutume d'Orléans, sect. iv, n°ˢ 61 et 62.

(2) Traité de la vente des immeubles par décrets, chap. xx, § 19, tom. i, pag. 158.

« qui ne le font qu'après, quand même ceux-ci leur
« seraient antérieurs en hypothèque ou privilége. Le
« motif de cette préférence est que ceux qui ont formé
« opposition ayant empêché le saisi de recevoir le prix
« de la vente, comme il l'aurait fait s'il n'y eût aucun
« empêchement, ils ont conservé les deniers ; il est
« donc naturel qu'ils soient payés auparavant puis-
« que, s'il reste quelque chose et que les non-oppo-
« sants en soient payés, ils en seront redevables à la
« vigilance des autres. *Un autre motif est que, si on*
« *laissait former les oppositions jusqu'à la fin, un*
« *créancier des prémiers hypothécaires, qui aurait*
« *omis de le faire, pourrait, l'ordre dressé, mais non*
« *encore exécuté, venir renverser l'opération, et oc-*
« *casionner des lenteurs et des frais,* comme cela ar-
« rive dans plusieurs tribunaux où ce mauvais usage
« a lieu, tels que ceux de Bretagne, Artois et au-
« tres »'(1).

C'étaient donc, qu'on le note avec soin, des raisons
d'intérêt général, d'ordre public, raisons non admises dans le droit romain, qui avaient fait admettre,
faute d'opposition, la déchéance du droit de préférence de *tous les créanciers hypothécaires indistincte-*
ment.

XVIII. Il suit de ce qui précède que, si les créan-

(1) Procédure civile du Châtelet de Paris et de toutes les juridictions ordinaires du royaume, liv. II, part. IV, tit. II, ch. III, n° 4.

ciers ne pouvaient pas empêcher l'extinction du droit de suite, ils étaient les maîtres d'empêcher l'extinction du droit de préférence, en veillant à la conservation de leurs priviléges et hypothèques, par le moyen de l'opposition. On n'appelait dans l'ordre que les créanciers opposants, et on voit qu'aucune déchéance n'y était prononcée par le juge contre les non-opposants; elle eût été surérogatoire, la déchéance étant attachée au défaut d'opposition (1).

Tels étaient les principes reçus en matière d'opposition. Ces principes connus, il sera aisé d'exposer le mécanisme et l'objet du décret volontaire. Voici comment la chose se passait :

XIX. L'acquéreur créait une dette imaginaire au profit d'un ami qui en donnait une contre-lettre. En conséquence de cette obligation fictive ou simulée, l'acheteur se faisait faire par cet ami un commandement d'avoir à payer, et sur le refus le créancier nominal faisait saisir réellement l'immeuble ; puis suivaient toutes les formalités pratiquées pour arriver au décret forcé. Il serait inutile d'établir ici un paral-

(1) Voy. d'Héricourt, *Dict. loc.*, chap. xi. — Pothier , *Introduction à la coutume d'Orléans*, tit. xxi; — et *Procédure civile*, pag. 202 et suiv. de l'édition Dupin, tom. 9. — Denizart, v° Ordre. — Pigeau, *Procédure civile du Châtelet*, i, pag. 804 et suiv.

lèle complet entre ces deux ordres de décrets. Mais je constaterai : 1° que les créanciers privilégiés ou hypothécaires qui trouvaient que l'immeuble n'avait pas été vendu à sa véritable valeur, avaient le droit d'enchérir ; 2° que s'ils ne faisaient point d'enchères, le prix était définitivement fixé à celui qui était porté dans le contrat d'aliénation ; 3° qu'au cas d'enchères l'acheteur était libre de rester adjudicataire ou de se désister de son contrat, si un autre offrait un prix supérieur au sien ; 4° que dans les deux cas l'action hypothécaire était éteinte au profit de celui qui restait propriétaire définitif de l'immeuble ; 5° qu'en ce qui touche leurs droits de préférence, les créanciers privilégiés et hypothécaires étaient tenus de former opposition de la même manière que dans les décrets forcés, sous peine de la même déchéance et par les mêmes raisons (1) ; 6° que le décret volontaire n'étant établi que pour la purge, et se résolvant en une confirmation de la vente volontaire, il ne purgeait pas (dans le dernier état de la jurisprudence), comme le décret forcé, les droits de propriété ; 7° enfin que ce qui a été dit par rapport à l'ordre à suite des décrets forcés, s'appliquait également à l'ordre à suite des décrets volontaires.

(1) D'Héricourt, *De la vente des immeubles par décrets*, ch. xx, n° xx. —Pothier, *Procédure civile*. part. iv, ch. 4, art. xiv. *Des décrets volontaires*, pag. 275 de l'édition Dupin, t. 9.

XX. On qualifia le but du système des décrets volontaires du nom de *purge des hypothèques ;* cette locution mérite de fixer notre attention. Ce mot de *purge* ne pouvait pas venir du système hypothécaire romain qui n'admettait pas, comme on l'a vu, ce mode de libération des hypothèques ; il fut donc, appliqué à cette matière, une création des anciens jurisconsultes.

Dans l'histoire du droit, on le trouve employé dans les textes de plusieurs coutumes, notamment dans la coutume de Paris (1) et dans la coutume de Lille, confirmée et décrétée par Charles-Quint au mois de décembre 1553 (2) ; et, à dater du xvie siècle, on voit

(1) Art. 84.

(2) L'art. 1er du chapitre xiii de cette coutume est ainsi conçu : « Par la coutume de la ville et échevinage de Lille, l'acheteur d'une maison ou héritage gisant en ladite ville ou eschevinage, peut, toutes les fois que bon lui semble, faire *purger* à ses dépens ladite maison ou héritage et les deniers en procédant, et pour ce dûment faire, est requis qu'il soit adhérité de telle maison ou héritage, et après nantir les deniers du marché, si avant qu'ils se payent comptant, faire mettre un billet en grosses lettres à telle maison ou héritage, et un billet au beau regard qu'il plaira à l'acheteur, ou autre lieu éminent, contenant qu'elle est à purge ; et ce fait, après avoir levé le billet du greffe contenant le marché, le faire publier, etc., en adjournant en général et en espécial tous ceux et celles qui droit voudraient prétendre et demander en ladite maison ou héritage ou esdits deniers, à comparait pardevant eschevins au prochain jour de plaids en suivant lesdites criées,

qu'il est appliqué par nos jurisconsultes qui le transportèrent du système des décrets volontaires dans celui des décrets forcés (1).

Le principe de la purge établi par la coutume de Lille fut généralisé pour tous les Pays-Bas autrichiens, dans un édit perpétuel des archiducs Albert et Isabelle, sous la date de 1611.

M. Merlin, qui rapporte le texte principal de l'édit, attribue l'origine du mot *purge* aux jurisconsultes de la Belgique (2).

---

et si personne compare, obtenir défaut, premier, second, tiers, quart, de quinzaine en quinzaine par bon entretenement, et si au jour dudit quart défaut, ou autre précédent, personne ne se oppose, la purge se doit décréter tant pour les fonds que pour les deniers, *sûretés et hypothèques, en telle manière que personne n'y peut après vailliablement contrevenir.* »

(1) Loyseau, *Dict. loc.*

(2) Répertoire, v° *Purge des hypothèques :* « Comme souventes fois advient (y est-il dit) qu'en la vente ou charge des biens immeubles, les vendeurs recèlent les charges antérieures, servitudes, prohibitions d'aliéner, ou charges ou autres obligations auxquelles iceux bien souvent se trouvent par après tenus et affectés, au grand préjudice des acheteurs, nous permettons à ceux ayant acquis tels biens immeubles, et soidoutans de tel recèlement, de, à leurs dépens, eux pourvoir à l'assurance de leur achat, par nos *lettres de purge*, consignant le prix dans la justice qu'appartiendra et faisant appeler à cri public tous ceux qui pourraient prétendre quelque droit sur lesdits biens, et ultérieurement y procédant à l'entérinement desdites lettres, selon le stile de

Quoi qu'il en soit, j'incline à croire, ou du moins à soupçonner que les jurisconsultes qui introduisirent le mot *purge* dans le vocabulaire du droit, l'empruntèrent à des textes du droit romain, pris en dehors du système hypothécaire régi par ce droit ; mais où le mot *purgare* est pris comme indiquant la cessation d'une chose considérée comme mauvaise, comme gênante ou vicieuse (1). — L'expression, il faut le dire, était très heureusement choisie, et traduisait

tout temps sur ce usité ès quartier de Lille et Tournai , qui sera préféré et expliqué par lesdites lettres. » François Ragueau, après avoir cité le texte de la coutume de Lille et de la coutume du Hainaut écrivait : « Quand un achapteur de maison ou autre « héritage faict à sçavoir par proclamation et affiches que l'hé- « ritage est à purger, et le veut faire décréter par iustice, afin qu'il « soit purgé et deschargé de toutes charges, hypothèques et em- « peschemens, autres que ceux qui seront déclarez et receuz par « sentence. » (Indice des droits royaux et seigneuriaux et des plus notables dictions, termes et phrases de l'État, de la justice, des finances et pratiques de France ; 2ᵉ édit., vᵒ *Purge.*)

(1) *Radic. purum ago.* Paul dit *purgare provinciam malis hominibus* (*De officio præsidis*, fragm. 3) ; et les Institutes : *vitio rei purgato* (liv. ii, tit. 6, § 8). — Les jurisconsultes romains disent aussi *moram purgare* (Ulpien, fragment 8, *in principio*, et fragment 14, *De novationibus*). Ils disent encore *crimen purgare* (Papinien), fragment 11, *Ad legem Juliam majestatis.* Voir encore Ulpien, fragm. 1, § 12, *De fluminibus*, fragm. 1, §§ 6, 7 et 8 *De fonte* ; et surtout le fragm. 1, § 1ᵉʳ *De via publica*, où il dit :

très exactement le but que l'on se proposait dans le système de la purge.

Ce but était, en effet, uniquement de fournir à un acheteur le moyen de libérer ou dégager sa chose des hypothèques qui la grevaient, et d'en devenir ainsi *propriétaire incommutable*, en restreignant son obligation à celle de payer le prix, en le soustrayant aux actions hypothécaires des créanciers qui pouvaient à chaque instant, par l'action en déclaration d'hypothèque, le sommer d'avoir à délaisser, si mieux il n'aimait payer le montant de toutes les créances hypothécaires. *La purge était donc tout entière au profit de l'acheteur;* et, comme les intérêts de celui-ci étaient en opposition avec ceux des créanciers, elle était contraire à ces derniers, à qui il convenait mieux de conserver intactes leurs actions hypothécaires, au lieu de voir leur gage réduit, limité au prix fixé par le contrat.

« *Purgari autem proprie dicitur ad libramentum proprium redigere, sublato eo quod super eam esset.*

Au surplus, que cette origine soit exacte ou qu'elle vienne des formules du droit canonique ou du droit criminel qui avaient eux-mêmes emprunté cette locution du droit romain (*Vid.* les nombreuses formules citées par Ragueau, *Dict. loc.*), il n'importe, car, dans tous les cas, le mot purge traduit l'*intérêt unilatéral ou exclusif* de celui qui affranchit sa chose ou sa personne; et c'est là l'unique, mais notable intérêt que j'attache à cette question d'étymologie.

Ce point de vue caractéristique de la purge est nettement indiqué, comme on l'a vu, soit dans la coutume de Lille (1), soit dans l'édit perpétuel de 1611 (2), soit dans les commentaires des jurisconsultes qui l'avaient interprété (3).

Dans le système des décrets volontaires que nous venons d'exposer, la purge peut bien amener sans doute, comme dans les décrets forcés, la déchéance du droit de préférence, mais ce n'est pas là son effet normal et naturel. Le principe de cette déchéance

(1) « *Décréter la purge tant pour les fonds que pour les deniers de telle manière que personne ne puisse après vailliablement contrevenir.* » *Vide suprà* note 2 de la page 44.

(2) « Nous permettons aux acheteurs de *pourvoir à l'assurance de leurs achats.* » *Vid.* ci-dessus note de la page.

(3) Voici notamment comment s'expliquait Stockmans, le plus savant et le plus exact des jurisconsultes belges, dans la 113 de ses *Décisions Brabantines : « Securitati* ementium *res immobiles consultum est edicto perpetuo anni* 1611, art. 36..... *Scopus hujus remedii (purgationis civilis) sine dubio est, securitate omnimodo tutos reddere fundorum emptores, ut peractis solemnibus et elapsis legitimis dilationibus, nullam molestiam, nullam actionem, nullam inquietudinem formidare* debeant, ut loquitur in re non obsimili. L. ult., Cod., *De fundis patrimonialib.* (liv. xi, tit. 61). — Bientôt après il ajoute : « *Edictum principis præstare voluit* ementibus *plenam securitatem.....* » — Je dois la connaissance de ce précieux fragment aux bons offices de M. Nypels professeur à la Faculté de droit de l'Université de Liége, membre correspondant de l'Académie de législation de Toulouse.

est tout entier dans l'inaction des créanciers, inaction que, par des motifs d'intérêt public, on a cru insuffisante pour entraîner cette déchéance. La purge peut en devenir l'*occasion*, mais elle n'en est pas la *cause*, si bien que les créanciers vigilants sont toujours sûrs de l'éviter.

XX. Ainsi fixés sur le système des décrets volontaires en matière de purge des hypothèques, et sur le sens exact généralement adopté dans la théorie et dans la pratique du mot *purge*, abordons l'examen du système qui a remplacé celui des décrets.

CHAPITRE II.

DU DROIT ANCIEN ÉTABLI PAR L'ÉDIT DE 1771.

XXI. Le système du décret volontaire offrait les plus graves inconvénients : il était ruineux pour les créanciers et pour le débiteur qui avait vendu, car il absorbait en frais la plus grande partie du gage ; il entraînait d'ailleurs des lenteurs sans fin (1), et devenait ainsi essentiellement onéreux pour l'acheteur qui ne pouvait se libérer du prix, et qui était obligé

(1) Pigeau a constaté que le minimum des frais de tout décret volontaire s'élevait à 250 livres, et que la procédure durait six mois (*Procédure du Châtelet*, v° Décrets volontaires).

de payer ainsi pendant longtemps un intérêt supérieur, le plus souvent aux fruits de la chose.

Un édit de Louis XV, du mois de juin 1771, déterminé sans doute par le mouvement favorable à la
propriété que les économistes de cette époque avaient
provoqué, vint remplacer le mécanisme si lourd et
si dispendieux dont nous avons parlé, en lui substituant celui *des lettres de ratification*.

XXII. L'édit du mois de juin ne toucha pas d'ailleurs au fond du système des hypothèques générales
et clandestines; il ne fut pas un mode nouveau de
constituer les hypothèques, mais seulement de les
purger.

Sous Louis XIV, au mois de mars 1673, avait été
décrété un édit célèbre qui, consacrant des idées libé-
rales et généreuses dont le germe remontait au siècle
précédent, substitua la publicité des hypothèques à la
clandestinité, au moyen de l'établissement *de greffes
et enregistrement* d'oppositions, pour conserver la
préférence aux hypothèques. Mais nous n'avons pas à
parler ici de cet édit auquel Colbert a attaché son
nom, soit parce qu'il n'eut qu'une existence éphémère (1), soit parce qu'il ne contenait que l'ébauche

(1) Cet édit fut en effet rapporté par un autre édit du mois
d'avril 1674. On attribue généralement cette prompte et regret-

d'un système de purge des hypothèques (1), et qu'il n'y a ainsi aucune corrélation (2) entre cet édit et celui de Louis XV, dont nous expliquerons bientôt les origines.

Voici, en quelques mots, le système de purge qu'organisa l'édit : établissement dans les bailliages et sénéchaussées d'une chancellerie, à l'effet de sceller les lettres de ratification ; — établissement d'offices de conservateurs des hypothèques expéditionnaires des lettres de ratification (art. 1, 2 et 3) ; — obligation, pour les propriétaires d'immeubles réels ou fictifs par acquisition, échange et autres actes translatifs de pro-

table abrogation à l'influence de la noblesse qui avait de bonnes raisons pour redouter la publicité des hypothèques. Voy. notamment MM. Grenier en son rapport intitulé : *Des hypothèques*, tom. xv, p. 477 et suiv., et Laferrière dans son *Histoire du droit français*, tom. ii, 1re édition, et *Revue du droit français et étranger*, de M. Fœlix, année 1848, pag. 665.

(1) *Vid.* les art. 42 et 47. — Cet édit a été très exactement apprécié par M. Bresson, substitut du procureur général près la cour de Paris (aujourd'hui avocat général à la Cour de cassation), dans un article publié par la *Revue de législation* de M. Wolowsky, t. xiv, pag. 200 et suiv.

(2) Il importe de noter que les femmes mariées et les mineurs étaient dispensés par une faveur spéciale des conditions générales de la publicité en ce qui concernait leur droit d'hypothèque sur les biens des maris ou tuteurs (art. 57 et 60.)

priélé, qui voudront purger les hypothèques dont lesdits immeubles se trouvent grevés, de prendre des lettres de ratification. — Les lettres de ratification purgeront les hypothèques et priviléges, à l'égard des créanciers qui auraient négligé de former leur opposition dans le délai qui va être indiqué, et les acquéreurs qui auront pris de semblables lettres de ratification, en deviendront propriétaires incommutables, sans que néanmoins lesdites lettres de ratification puissent donner aux acquéreurs, relativement à la propriété des droits réels, fonciers, servitudes et autres, plus de droits que n'en avaient les vendeurs, l'effet desdites lettres étant restreint à purger les priviléges et hypothèques (art. 7). — Le préambule de l'édit expliquait cet effet restrictif d'une manière aussi explicite que celui de 1611.

« L'attention que nous avons toujours eue, de pourvoir à la conservation de la fortune de nos sujets, nous a porté à rechercher les moyens qui *paraîtraient les plus convenables pour assurer le droit de propriété de chacun d'eux.* » Il énumère ensuite les motifs du nouvel établissement, et termine ainsi : « Tant de motifs d'utilité pour nos sujets nous ont déterminé, en abrogeant l'usage des décrets volontaires, à ouvrir aux propriétaires une voie facile de disposer de leurs biens, et, aux acquéreurs, de rendre stable leur propriété et de pouvoir se libérer du prix de leurs acquisitions, sans être obligés de garder longtemps des deniers oisifs. » Ainsi, assurer le droit de propriété, fournir *aux acquéreurs le moyen de la rendre* STABLE (1), en leur facilitant le moyen de se libérer du prix, *et en favorisant ainsi le commerce des biens* (2), tel est le but dominant de l'édit sur la purge des hypothèques.

Pour arriver à cette purge, l'acquéreur était tenu de déposer au greffe du bailliage ou sénéchaussée dans le ressort duquel seront situés les héritages vendus, le contrat de vente d'iceux, comme aussi le greffier dudit bailliage et sénéchaussée était tenu, dans les trois jours dudit dépôt, d'insérer dans un tableau, qui serait à cet effet placé dans l'auditoire, un extrait dudit contrat, quant à la translation de propriété seulement, et condition d'icelle, — lequel resterait exposé pendant deux mois, et avant l'expiration duquel ne pouvait être obtenue sur ledit contrat aucune lettre de ratification (art. 8). Pouvait pendant lesdits mois tout créancier légitime du vendeur se présenter au greffe pour y faire recevoir une soumission de faire augmenter le prix de la vente, au moins d'un dixième du prix principal, et dans le cas de surenchère

---

(1) Même langage que celui qu'on a remarqué dans la coutume de Lille et dans l'édit perpétuel de 1611. — *Vid. supra*, notes des pages 44 et 45.

(2) Grenier, *Commentaire sur l'édit*, 2ᵉ édition. — Avertissement et pag. 384. — Riom, 1787.

par autre créancier du vendeur, d'un vingtième en sus dudit prix principal par chaque surenchérisseur (art. 9). Il restait loisible à l'acquéreur de conserver l'objet vendu, en fournissant le plus haut prix auquel il avait été porté. Les lettres de ratification devaient être expédiées, signées et délivrées par des officiers créés par l'édit dans les chancelleries, bailliages et sénéchaussées, et scellées dans lesdites chancelleries.

Les créanciers et tous ceux qui prétendaient droit de privilége et d'hypothèque à quelque titre que ce fût sur les immeubles, tant réels que fictifs de leur débiteur, étaient tenus, à compter du jour de l'enregistrement de l'édit, de former leur opposition entre les mains des conservateurs créés par l'art. 2, à l'effet par les créanciers de conserver leurs priviléges et hypothèques, lors des mutations de propriété des immeubles et des lettres de ratification qui seraient prises sur lesdites mutations (art. 15). Les oppositions devaient conserver leur effet pour trois ans pendant lequel temps seulement leur effet subsisterait, sauf renouvellement avant l'expiration de ce délai (art. 16). Le défaut d'opposition entre les mains des conservateurs entraînait déchéance absolue des priviléges et hypothèques, soit à l'égard de l'acheteur, soit à l'égard des créanciers entre eux. Cette déchéance du droit de suite et du droit de préférence était décrétée par les dispositions formelles des art. 17 et 19, qui étaient ainsi conçus :

Art. 17. Toutes personnes, de quelque qualité qu'elles soient, même les mineurs, les interdits, les absents,
les gens de main-morte, les femmes en puissance de
mari, seront tenus de former opposition dans la
forme ci-dessus, sous peine de déchéance de leurs
hypothèques, sauf le recours, ainsi que de droit,
contre les tuteurs et administrateurs qui auront négligé de former opposition.

Art. 19. Entre les créanciers opposants, les priviléges seront les premiers payés sur le prix desdites acquisitions; après les privilégiés acquittés, les hypothécaires seront colloqués suivant l'ordre et le rang de
leurs hypothèques; et, s'il reste des deniers après l'entier paiement desdits créanciers, privilégiés et hypothécaires, la distribution s'en fera par contribution
entre les créanciers chirographaires opposants, par
préférence aux créanciers privilégiés ou hypothécaires qui auraient négligé de faire opposition. —
L'art. 32 de l'édit porte : «N'entendons comprendre,
« dans le présent édit, les hypothèques des femmes
« sur les biens de leurs maris pendant la vie desdits ma-
« ris non plus que celles des enfants sur les biens de
« leurs pères, pour raison seulement des douaires non
« ouverts, pour lesquels il ne sera point nécessaire
« de former opposition. » Enfin, le système des décrets volontaires était abrogé par l'art. 37.

XXIII. Avant d'examiner de quelle source venait

l'édit, il importe d'en résumer la substance, dans les propositions suivantes :

1° L'édit de 1771 n'est qu'un mode de purger les hypothèques, à la différence de celui du mois de mars 1673, qui créait un système de publicité des hypothèques. Le premier n'est fait, comme le système des décrets volontaires auquel il succède, que dans l'intérêt des acheteurs pour favoriser la propriété ou le commerce des biens (1), tandis que le second était fait principalement, sinon exclusivement, dans l'intérêt des prêteurs.

(1) Ce point a été reconnu par tous les commentateurs de l'édit. (Voir notamment les Commentaires de Grenier, de Prohard, de Clément de Malleran, de Corail de Sainte-Foy et le Commentaire d'un auteur anonyme, publié à Avignon en 1782, in-8°.)

M. Grenier le constata aussi dans son rapport au Tribunal sur le titre des hypothèques, Fenet, t. xv, 487. — Il n'est pas sans intérêt de rapporter ici un fragment de la formule des lettres de ratification que j'emprunte à Pigeau (*Procédure du Châtelet*, tome 1, pag. 124).

Louis... etc., etc.

N. nous a fait exposer (suit l'exposé des formalités de la purge), etc..., à ces causes, de l'avis de notre conseil qui a vu ledit contrat et autres pièces ci-attachées sous le contre-scel de notre chancellerie, nous avons ratifié ledit contrat : voulons qu'il soit exécuté selon sa teneur ; *ce faisant, que ledit exposant, ses hoirs et ayant-cause soient et demeurent propriétaires incommutables de ladite maison, circonstances et dépendances, en*

2° La déchéance absolue attachée au défaut d'opposition se trouvait décrétée par deux dispositions
formelles, l'une consacrant le principe, l'autre expli-
quant les effets : le principe est contenu dans l'article 17 ; les conséquences sont déduites dans l'article 19.

3° Cette déchéance absolue prouve que les oppositions conservaient, sous l'édit, le caractère qu'elles
avaient sous le régime des décrets volontaires et forcés,

4° L'opposition a non-seulement pour effet de dé-
classer les créanciers privilégiés ou hypothécaires non
opposants au profit de ceux qui s'opposent, mais encore de donner un droit de préférence aux simples
chirographaires opposants sur les privilégiés et hypothécaires non opposants.

5° La déchéance du droit de préférence étant formulée par l'édit de 1771, c'est-à-dire par le droit civil
proprement dit, à titre de généralisation des principes posés par l'édit des criées de 1551 (qui s'étaient
communiqués aux autres édits partiels publiés succes-

*jouissent et disposent comme de chose à lui appartenante, pur-
gée de tous priviléges et hypothèques, suivant et conformément à
notre édit de juin 1771 : mandons ,. etc., etc.*

On trouve la même formule à la suite de la 2e édition du
Commentaire de Grenier sur l'édit.

sivement dans les xvii° et xviii° siècles, et dont nous parlerons bientôt), la déchéance n'est pas plus prononcée par le juge-commissaire dans le jugement d'ordre que sous le régime des décrets volontaires.

6° Les lettres de ratification purgent les hypothèques, mais ne purgent pas les autres droits réels.

7° Elles ne purgent pas l'hypothèque des femmes et des enfants sur les biens du mari, pour raison du douaire non ouvert.

8° A part cette exception, les incapables sont tous soumis au droit commun et ne participent pas, à l'occasion de la purge, aux faveurs exceptionnelles que leur accordait l'édit de mars 1673 pour la constitution d'hypothèques.

XXIV. L'édit dont je viens d'exposer l'économie ne constitua pas une création, il ne fut qu'une application ou qu'une extension aux immeubles, de précédents édits remontant à une époque assez éloignée. Le premier de ces édits se rattachait au principe de la vénalité des offices; il avait décrété que les créanciers qui avaient des hypothèques sur ces offices seraient tenus, sous peine de déchéance, de former opposition au sceau entre les mains du chancelier. Le principe de ce premier édit fut étendu, par un autre édit du mois de mars 1673, à la conservation de l'hypothèque des rentes constituées sur les domaines du Roi (1).

La vente par décret et la distribution du prix des offices ayant rencontré des difficultés de la part des tribunaux qui refusaient d'appliquer aux créanciers non opposants au sceau le principe de la déchéance absolue, il intervint au mois de février 1683 un nouvel édit qui prononça de plus fort cette déchéance absolue. Les dispositions des art. 1, 3 et 4 étaient des plus explicites et des plus impératives. Le texte de l'art. 10 déclarait que ce qui regardait la préférence des créanciers au sceau sur ceux qui avaient omis de s'opposer serait exécuté, tant pour le passé que pour l'avenir. Mais ce troisième édit rencontra de nouvelles difficultés dans les provinces où l'on était accoutumé à faire l'ordre avant ou en même temps que le décret. Les créanciers colloqués par ces ordres, qui avaient eu par là une espèce de droit acquis, se croyaient dispensés de former opposition ; mais d'autres créanciers, qui s'étaient opposés au sceau postérieurement aux ordres, *formaient des demandes en rapport* contre ceux qui avaient été colloqués, ce qui avait servi de matière à plusieurs instances formées au conseil du roi en cassation d'arrêts. Pour prévenir désormais ces contestations et ces demandes en rapport, le roi Louis XIV rendit, le 17 juin 1703, une déclaration par

(1) Il ne faut pas confondre cet édit avec celui du même moi portant création d'offices des conservateurs des hypothèques, et dont j'ai déjà parlé.

laquelle l'édit de 1683 fut de plus fort confirmé et appliqué au cas où l'ordre se ferait avant le décret comme à celui où il ne se ferait qu'après. L'édit de 1771 ne constitua donc en réalité qu'une extension des édits précédents pour la purge des hypothèques sur les immeubles réels ou fictifs ; comme aussi les dispositions des art. 17 et 19 ne firent elles-mêmes que consacrer de plus fort, en le généralisant, le système de la déchéance absolue des édits de 1673 et 1683, dont ceux-ci avaient eux-mêmes emprunté le principe à l'art. 13 de l'édit des criées de 1551, et au texte des coutumes. Et pourquoi tous les édits qui ont précédé celui de 1771 et celui-ci, comme ses devanciers, avaient-ils compris le besoin de formuler aussi clairement la déchéance des hypothèques attachée au défaut d'opposition ? C'est par la raison que les nouvelles formes de purge n'ayant rien de commun avec les décrets forcés, il était nécessaire de prévenir les intéressés que les conséquences du défaut d'opposition resteraient les mêmes sous le système des décrets volontaires, calqué, comme on la vu, sur les décrets forcés (1).

Ou le devait d'ailleurs, pour se conformer à l'usage constant du législateur, de décréter littéralement les déchéances

(1) Cela était moins nécessaire dans les décrets forcés qui avaient pour objet de réaliser le gage dans l'intérêt de tous les créanciers, tandis que la purge n'intéressait que l'acheteur.

— 57 —

XXV. Il importe maintenant de préciser ici les *causes* de cette déchéance des hypothèques, c'est-à-dire de la déchéance du droit de préférence attachée au défaut d'opposition dans le délai fixé (1). Elle reposait d'abord sur les motifs généraux qui la faisaient admettre dans les décrets forcés et dans les décrets volontaires (2). Et indépendamment de cette raison générale, il en existait une spéciale aux décrets volontaires et après eux à l'édit de 1771 qui les remplaça; elle était prise de l'intérêt qu'avaient les créanciers à connaître les hypothèques afin de faire ou de ne pas faire de surenchère, selon que leur intérêt le leur

(1) Il paraît que si dans les pays de saisine et de nantissement (observations du tribunal d'appel de Bruxelles sur le titre des priviléges et hypothèques, Fenet III, pag. 397), le défaut d'opposition produisait la déchéance absolue, il n'en était pas de même dans le ressort du parlement de Flandre où les demanles en rapport étaient admises (Merlin, v° Opposition aux criées, § 3); — en Artois, où l'on admettait les créanciers, bien qu'ils n'eussent pas formé opposition, à demander le paiement jusqu'à la distribution des prix (Denisart, v° Opposition aux décrets, n° 37; d'Héricourt, *Traité de la vente des immeubles par décret*, chap. des Oppositions); — en Bretagne, sous le régime des appropriances, où les oppositions étaient reçues jusqu'à la distribution actuelle et *consommée*, quoique le créancier ne se fût opposé ni aux bannies ni aux criées (Denisart, *ibid.*, n° 33. Il en était de même en Normandie (*ibid.*, n°s 34 et 35).

(2) *Vid. supra*, pages 40 et 41.

commandait. Le défaut d'opposition leur causait donc un préjudice ou un dommage qui servait à motiver leur déchéance (1).

XXVI. Ce nouveau système fut mal accueilli par l'opinion comme par les cours de justice. Il offrait sans doute de grands avantages par rapport au décret volontaire ; il était beaucoup moins coûteux et conduisait au but avec plus de rapidité. Mais ce fut précisément cette rapidité de sa marche qui, contrastant fortement avec les lenteurs du système abrogé, provoqua d'unanimes réclamations. Les parlements de Paris, de Rouen, de Dijon, furent les seuls qui le reçurent sans remontrances. Encore on voit que le parlement de Paris fit quelquefois violence à la lettre pour

(1) Cette considération a été mise en relief par Grenier en son *Commentaire sur l'édit de 1771*. « Il s'élève, dit-il, une raison puissante pour exiger l'opposition, en matière des lettres de ratification, c'est qu'il est infiniment intéressant que les créanciers opposants connaissent quels sont les créanciers qui prétendent droit au prix ; *parce que c'est cette connaissance qui dirige les créanciers, pour savoir s'ils doivent enchérir ou non : or, les créanciers ne peuvent se connaître entre eux que par la voie des oppositions dont ils retirent des extraits.* »—(2º édition, pag. 231 et 350). — On trouve aussi cette raison invoquée par Pothier en son *Introduction* sur le titre xxi de la coutume d'Orléans, nº 172 ; il l'appliquait au système des *décrets volontaires*, car il y avait identité de raison.

empêcher des conséquences qui eussent été trop rigoureuses. Les parlements de Grenoble, Bordeaux, Aix
et Besançon, ne l'enregistrèrent que de l'exprès commandement : d'autres parlements, celui de Metz, par
exemple, ne l'enregistrèrent qu'avec des restrictions.
Il fut retiré du parlement de Flandre d'après des remontrances sur la nécessité de conserver le nantissement. Il ne fut pas même adressé au parlement de
Bretagne, où l'on présumait que les usages sur l'appropriance lui ménageraient un accueil peu favorable.
Le parlement de Pau obtint, grâce à ses remontrances, une déclaration royale du 14 février 1772, qui,
interprétant l'art. 32, décida que les droits des femmes
mariées, de leurs enfants et des constituants des dots
seraient conservés, sans qu'il fût besoin de former
aucune opposition aux hypothèques tant que ces droits
ne seraient pas ouverts ; enfin le parlement de Toulouse établit une jurisprudence qui, en opposition flagrante avec le texte de l'art. 32, sauvegarda de la déchéance *la dot* comme les douaires non ouverts (1).

Les jurisconsultes s'associèrent à l'opposition des
magistrats, et, dans les divers commentaires qui furent
publiés sur l'édit, on voit que les premiers avaient recours à tous les procédés de l'interprétation, et qu'ils

(1) *Vide* sur ces divers points historiques M. Guichard, *Code
hypothécaire*, section IX, pag. 61 et suiv., 3e édition (Paris,
an IX), et Merlin, *Répert.*, v° Lettres de ratification, n° 2.

ne craignaient même pas jusqu'à faire violence au texte pour préserver, soit la femme mariée, soit les mineurs, de la déchéance dont ils étaient frappés (1).

Quelle était la cause principale d'une répugnance si profonde et si universelle? Elle puisait sa source beaucoup plus dans la déchéance du droit de préférence que dans la déchéance du droit de suite. La perte de ce dernier droit par l'absence d'une surenchère qui ne pouvait avoir lieu, comme on l'a dit, qu'à la condition d'une opposition préalable, était un fait grave sans doute, mais la perte du droit de priorité était un fait beaucoup plus grave encore.

Le créancier n'a pas toujours intérêt à faire une

(1) *Vid.* notamment le *Commentaire* de Prohard, avocat en parlement, doyen et professeur de l'Université de Valence, en Dauphiné; Lyon, 1780, in-8°, page 126, et un autre commentaire par un anonyme, imprimé à Avignon en 1782, pag. 230 et 234. Voir dans le même sens une dissertation des avocats de la sénéchaussée d'Auvergne, qui agitaient dans leurs conférences la question de savoir si l'édit de 1771 faisait perdre l'hypothèque de la femme sur les biens du mari, faute d'opposition aux lettres de ratification. Elle est rapportée dans la 2e édition du *Commentaire* de Grenier, pag. 281 et suiv. Cette dissertation montrait le désir qu'on éprouvait de tourner les dispositions rigoureuses de l'édit, car les art. 17 et 32 n'exceptaient que le *douaire*; la dot restait évidemment comprise dans le droit commun de l'art. 17.

La déclaration du roi du mois de février 1772, donnée pour le ressort du parlement de Pau, était d'ailleurs décisive.

surenchère; car l'immeuble peut avoir été vendu pour son véritable prix. S'il a été vendu pour un prix inférieur à sa valeur réelle, le rang avancé qu'occupe le créancier dans l'ordre général des hypothèques, et l'exiguité du chiffre de sa créance, peuvent encore rendre une surenchère sans intérêt pour lui. Mais, pour ce qui est du rang, s'il ne le conserve pas au moyen de l'opposition, il court les plus grands risques de n'être pas payé, puisque les simples chirographaires opposants doivent lui être préférés. C'était donc la privation du rang résultant du défaut d'opposition, dans un délai de soixante jours, qui avait le plus vivement indisposé l'esprit public contre l'édit, d'autant plus que la rigueur de cet édit contrastait avec la jurisprudence conservatrice que l'on suivait dans les pays de saisine et de nantissement, où les actions en restitution étaient admises, tant que la distribution des deniers n'était pas consommée (1). Telles furent les causes principales qui frappaient d'un discrédit général le système des lettres de ratification, dont les rigueurs paraissaient naturellement beaucoup plus intolérables à l'endroit des personnes incapables (2), qu'à l'endroit de celles qui pouvaient se protéger elles-mêmes.

(1) *Vide supra*, pag. 61, note 1.

(1) Ainsi M. Grenier disait en son *Commentaire* sur l'art. 17. « Cet article est un de ceux qui ont éprouvé le plus de contra-

XXVII. J'ai donc ainsi successivement analysé l'économie de l'édit de 1771, exposé les sources d'où il émanait, la raison de la déchéance absolue qu'il attachait au défaut d'opposition ; enfin, l'antipathie vive et compacte dont il devint l'objet. Cette exposition termine l'histoire de l'ancienne jurisprudence, au sujet de laquelle je ferai pourtant une dernière précision.

Sous le système des décrets forcés comme sous le système des décrets volontaires, tous les jurisconsultes étaient d'accord sur ce point, qu'après les décrets forcés et volontaires, comme après l'accomplissement des formalités prescrites pour la purge, par l'édit de 1771, si les hypothèques étaient éteintes par rapport à l'adjudicataire ou à l'acheteur, elles étaient conservées au moyen des oppositions, en ce qui touche le droit de préférence sur le prix, de telle sorte que le droit de préférence survivait au droit de suite, pour s'exercer dans l'ordre. Ainsi Pothier disait : « Lorsque « je m'attaque aux biens en saisissant réellement les « biens de mon débiteur, ou en adhérant par une op- « position à la saisie réelle qui en a été faite, c'est le « droit d'hypothèque que j'ai dans lesdits biens que « j'exerce et que je poursuis. La somme pour laquelle

« dictions en jurisprudence : on a cherché d'abord à en resserrer « les dispositions, surtout dans certains tribunaux... » (1re et 2e édition.)

« je suis utilement colloqué dans l'ordre, en même
« temps qu'elle est la somme qui m'est personnelle-
« ment due, est aussi le prix de mon droit d'hypo-
« thèque, *et c'est en tant qu'elle est le prix de mon
« hypothèque, que je suis colloqué dans l'ordre.*» (1).

Bourjon écrivait de son côté sur l'art. 354 de la
coutume de Paris : « Par le moyen de l'opposition,
l'hypothèque subsiste sur le prix de l'adjudication,
qui est à leur égard représentatif de l'héritage. Tel est
l'effet principal de cette opposition, ce que l'usage
fréquent rend incontestable, suivant l'esprit de la
coutume » (2). Denisart parlait dans le même sens :
« Par le moyen de l'opposition a fin de conserver, le
créancier qui l'a formée conserve sur le prix de l'adjudication la même hypothèque qu'il avait sur l'immeuble vendu, *de manière que le prix est représentatif
de la chose à l'égard du créancier*»(3). Enfin, M. Grenier écrivait sur l'art. 7 de l'édit de 1771 : « On voit
dans cet article l'effet que doivent avoir les lettres de
ratification, c'est de purger les hypothèques et priviléges, c'est-à-dire *de convertir le droit des créanciers
en action sur le prix* » (4).

(1) Introd. au tit. 21 de la coutume d'Orléans, n° 142.
(2) Droit commun de la France, tom. II, pag. 585.
(3) Collection des décisions nouvelles, n° 5, pag. 405.
(4) Commentaire sur l'édit, 2e édit., pag. 80. — Voir dans
le même sens les art. 354 et 361 de la coutume de Paris... «Opposition afin de conserver et *d'être mis en ordre sur le prix.* »

XXVIII Conséquents avec cette dernière doctrine, les auteurs (1) ne classaient pas la purge des hypothèques au nombre des causes d'extinction de l'hypothèque, la purge n'étant, nous le dirons bientôt avec plus de précision, que la préparation à l'extinction de l'hypothèque, et laissant subsister le droit de préférence.

Je passe à l'histoire du droit français moderne.

(1) V. notamment Domat, *Lois civiles*, *des Hypothèques*, liv. III, section 7, et les traités spéciaux sur les *Hypothèques* de Basnage, chap. XVII, de Soulatge, chap. VIII. . Pothier avait procédé autrement dans son *Traité de l'hypothèque*, chap. III, § 6. Mais dans son *Introduction* au tit. XX de la coutume d'Orléans, sect. 4, il a suivi la méthode des autres auteurs. Au surplus, dans son *Traité de l'hypothèque*, Pothier mentionne seulement la purge comme cause d'extinction, soit dans la nomenclature du chapitre III, soit dans la rubrique du § 6, et n'en dit pas un seul mot dans le cours du traité.

Aux yeux de ce jurisconsulte, la purge constituait si peu un mode d'extinction proprement dite de l'hypothèque que, dans son *Traité de la procédure*, il avait le soin de faire remarquer, qu'après *le décret volontaire*, les créanciers devaient être colloqués *suivant l'ordre de leurs hypothèques*, bien que, pour éviter les droits de consignation, ces créanciers eussent fait convertir leurs oppositions en saisies-arrêts sur le prix (partie IV, ch. II, art. 14).

DEUXIÈME PARTIE.

De la législation transitoire.

XXIX. Cette partie se composera de deux paragraphes : dans le premier, jeparlerai de la loi de messidor an III ; dans le second, du système de la loi du 11 brumaire an VII.

§ 1er. *Système de la loi du 9 messidor an III.*

XXX. C'est par la loi de messidor (1) que la Convention nationale, ouvrant une ère nouvelle au système hypothécaire et rompant avec le droit ro-

(1) Avant la loi de messidor an III, un projet de réforme du régime hypothécaire avait été déjà soumis à l'Assemblée consti-

main, généralisa les usages des pays de saisine et de nantissement, et restaurant les idées de Colbert, substitua le principe de la publicité des hypothèques à celui de la clandestinité.

L'inscription devint une condition essentielle de l'efficacité de l'hypothèque. Aucune exception n'est établie en faveur de la femme mariée, du mineur ou de l'interdit. Le système de purge créé par cette loi était des plus excentriques, essentiellement fiscal, périlleux pour le vendeur, ruineux pour les créanciers, onéreux pour l'acheteur, car celui-ci était obligé, après avoir notifié et déposé son contrat dans le mois de sa date, à chaque bureau de la conservation des hypothèques, dans l'arrondissement duquel les biens

tuante par les comités des contributions et de la Constitution réunis. Dans ce projet deux dispositions surtout méritent d'être remarquées : ce sont les dispositions des art. 46 et 47. Par le premier de ces articles sur l'effet des lettres de ratification qui prenaient le nom de jugement de confirmation, il était dit que l'acquéreur devenait, au moyen de la purge, *propriétaire incommutable des biens.* Par le second, il était déclaré expressément que, faute d'opposition dans un délai déterminé, les femmes mariées et les mineurs étaient déchus de leurs droits d'hypothèque.

Je dois à l'obligeance de M. Laferrière d'avoir pris connaissance de ce projet imprimé à Paris en 1791. — M. Laferrière en a d'ailleurs rendu compte dans l'article déjà cité, inséré dans la *Revue de jurisprudence étrangère et française,* de M. Fœlix, année 1848. — Voir aussi sur les mêmes projets le *Répertoire* de M. Merlin, v° Hypothèques, sect. 2.

— 67 —

étaient situés, de payer et acquitter dans le cours du mois suivant toutes les créances hypothécaires et cédules de son auteur, ayant une date antérieure, ou de déposer leur montant à la caisse du receveur du district en présence du conservateur, ou lui dûment appelé, et en outre, de faire l'avance de la radiation des inscriptions et cédules, sauf son recours. Telle était la disposition formelle de l'art. 105, faisant partie du § 1er du chap. v. Le chap. vi organisait l'ordre et la distribution des deniers qui devait être faite par le juge de paix (1); et l'on voit que les art. 107 et 109 prononçaient la déchéance contre les créanciers qui n'auraient pas remis leurs titres de créances dans un délai déterminé, ou qui, les ayant remis dans ce délai, n'avaient pas contesté les hypothèques classées dans un rang qui leur était préférable. Si le mot de déchéance n'était pas prononcé, il résultait nettement des termes dont la loi se servait ; *ils étaient non recevables* (art. 107); *ils ne pouvaient conserver leurs droits qu'à la condition de.... etc.; faute de quoi, il était passé outre à la distribution du prix* (169). La loi de messidor ne mentionne pas d'ailleurs la purge au nombre des causes des extinctions des hypothèques, causes qu'elle énumère pourtant de la manière la plus scrupuleuse (chap. vii, art. 209 et suiv.).

____

(1) Du canton où l'adjudication a eu lieu.

XXXI. Ce système de la loi de messidor an III mérite d'être remarqué. En effet, la déchéance absolue que l'édit avait prononcée contre ceux qui négligeaient de former opposition et qui faisait l'objet des articles 17 et 19, se trouve reproduite par le législateur de l'an III, dans le chap. VI, contenant les dispositions sur *l'ordre*. L'économie de la loi nouvelle est donc celle-ci : point d'inscription, point d'hypothèque efficace à l'égard des tiers (art. 3). Dès qu'il y a inscription régulière, acquisition et efficacité de l'hypothèque ; mais la déchéance sera encourue si le créancier inscrit ne produit pas dans les délais fixés.

Cette loi n'eut qu'une existence éphémère ; son système de la mobilisation du sol au moyen des cédules hypothécaires souleva contre elle une réprobation générale, et son exécution fut suspendue jusqu'à la loi de brumaire an VII.

§ 2. *Système de la loi du 11 brumaire an VII.*

XXXII. Cette seconde loi, longuement élaborée sous le Directoire, dans les deux conseils, des Anciens et des Cinq-Cents, maintint le système de publicité de la loi précédente, comme son radicalisme à l'égard de la femme mariée et du mineur (1) ; elle créa le sys-

____

(1) Art. 2, 3, 4 et 25. — D'après ces articles, l'hypothèque légale de la femme mariée et du mineur ne prenait rang, comme

tème de la spécialité (1). Dans le cours de son élaboration, personne ne songea à proposer le retour des hypothèques occultes. Loin de là, on trouva dans la série des travaux constituant cette élaboration plus d'une preuve établissant combien l'ancienne doctrine de la déchéance était restée impopulaire. Crassous (de l'Hérault), dans son rapport au conseil des Cinq-Cents, à la séance du 3 germinal de l'an VI, en signala les vices principaux (2).

D'un autre côté, dans un nouveau rapport fait à la même assemblée, à la séance du 21 messidor an VI, le citoyen Jacqueminot, après avoir rappelé que des lettres de jussion et le développement de la force armée avaient pu seules vaincre la résistance de la plupart des parlements, citait l'art. 17 de l'édit de 1771, prononçant la déchéance, et l'appréciait dans les termes suivants :

« C'était alors qu'il était vrai de dire que la femme « était continuellement placée entre la ruine et le

les autres, qu'à dater de l'inscription, mais elle était dispensée du renouvellement (art. 23, § 2).

(1) L'esprit de cette loi a été expliqué avec une grande exactitude dans un traité portant pour titre : *Notices élémentaires sur le Régime hypothécaire*, par le citoyen Hua, homme de loi (Paris, an VII de la République française). — M. Hua est mort conseiller à la Cour de cassation.

(2) *Moniteur* du 20 germinal an VI.

« divorce; que le mineur était continuellement ex-
« posé à être dupe et malheureux, puisqu'à chaque
« aliénation que faisait l'époux ou le tuteur, ils étaient
« réduits à former opposition ou à perdre leurs droits. »
« C'était alors que la tyrannie d'un mari s'exerçait
« impunément, et que le mineur était livré sans dé-
« fense à la foi de son tuteur » (1).

La loi établit un système de purge bien supérieur
à celui de l'an III, et que j'analyserai en très peu de
mots, car il est à peu près le même que celui qui est
passé dans le Code : notification par l'acquéreur aux
créanciers inscrits du contrat d'acquisition, du certi-
ficat de transcription qui en a été requis, de l'état des
charges et hypothèques dont est grevée la propriété,
avec déclaration qu'il acquittera sur-le-champ celles
échues et celles à échoir, dans les mêmes termes et
de la même manière qu'elles ont été constituées,
mais le tout jusqu'à concurrence seulement du prix
stipulé dans le contrat.

Lorsque l'acquéreur a fait cette notification dans
le délai prescrit, tout créancier dont le titre est inscrit
peut requérir la mise aux enchères et l'adjudication
publique de l'immeuble, à la charge : 1° de le déclarer à l'acquéreur dans le mois de la notification par
lui faite; 2° de se soumettre à porter ou faire porter

(1) Guichard, *Code hypothécaire*, pag. 128, 120.

le prix au moins à un vingtième en sus de celui stipulé dans le contrat. Cette réquisition doit être notifiée tant à l'acquéreur qu'au vendeur. Faute de la déclaration de réquisition de mise aux enchères dans ledit délai, la valeur de l'immeuble demeure fixée définitivement au prix stipulé dans le contrat d'acquisition, et l'acquéreur sera en conséquence libéré de toutes charges et hypothèques, en payant ledit prix aux créanciers, qui seront en ordre de le recevoir. Tel est le mécanisme mis par le législateur de brumaire à la place du système de l'édit de 1771 ou des lettres de ratification.

Constatons en outre qu'une loi du même jour, contenant un nouveau système d'expropriation forcée, régla, dans son chapitre III, les ordres et distribution de prix. Les art. 32, 33, 34 et 35, analysés et combinés, reproduisaient en substance les dispositions des art. 107 et 109 de la loi de brumaire an III, en soumettant les créanciers inscrits à produire dans l'ordre, à en prendre communication ou à contester, sous peine de privation de leurs droits. Le § 2 de l'art. 32 prononçait littéralement cette déchéance à l'égard des créanciers privilégiés qui, n'étant pas soumis à leur inscription, négligeaient de produire leurs titres et pièces au greffe dans le délai requis; l'ordre ne devait plus être fait par le juge de paix, mais sous l'autorité du tribunal civil. A part cette différence, l'économie de la loi du 11 brumaire an VII, sur la déchéance était celle de la loi précédente ; c'est toujours à l'occasion de l'ordre et pour n'avoir pas produit dans les délais que les créanciers sont déchus.

XXXIII. Pour ce qui est de la purge organisée par la loi de brumaire, ce qui frappe d'abord l'esprit appelé à comparer le mécanisme qu'elle établit avec celui de l'édit de 1771, c'est le changement profond qui vient de s'opérer au profit des créanciers hypothécaires en raison de la situation beaucoup plus avantageuse que leur fait le nouveau système. Sous le régime de l'édit, comme sous le régime des décrets volontaires, la purge, bien qu'établie dans l'intérêt de l'acquéreur, bien que destinée à amener la déchéance de l'action hypothécaire à son égard, est susceptible d'amener aussi la déchéance du droit de préférence par l'effet de l'inaction du créancier qui ne s'oppose pas. Pour conserver ce droit, le créancier est obligé de veiller ou plutôt de remplir un devoir actif à l'égard de la purge ; les créanciers n'étant pas connus, on exige qu'ils se révèlent par des oppositions, sous peine de déchéance.

XXXIV. Sous la loi de brumaire an VII, la position est entièrement changée : tous les créanciers hypothécaires sont connus, ils se sont manifestés par leurs inscriptions. L'acquéreur qui veut purger, ne peut s'adresser qu'à ceux qui se sont fait ainsi connaître. Qu'a donc à faire le créancier qui ne veut pas exercer son droit de surenchère, parce qu'il estime que le prix stipulé dans le contrat est le prix réel de l'immeuble , qu'aura-t-il à faire, dis-je, pour maintenir son droit de priorité sur le prix ? Rien, absolument rien. Il n'a pas à s'opposer comme sous l'édit; son inscription veille pour lui. Il conserve son droit de préférence, *en dormant*, comme le disait le tribunal d'appel de Bruxelles, dans ses observations (1). Il n'aura de rôle actif à jouer qu'au moment de l'ouverture de l'ordre. Alors, mais alors seulement, il devra *s'opposer*, en produisant ses titres de créance au greffe, en demandant à être colloqué à son rang, faute de quoi, il encourra la déchéance.

La différence des situations est donc palpable ; car la déchéance est reportée à une époque et subordonnée à un autre ordre d'idées ou à d'autres causes.

La position du mineur et de la femme mariée est la même que celle des autres créanciers, puisque ces personnes sont soumises au droit commun de la nécessité de l'inscription.

Ainsi, sous la loi de brumaire, les mineurs et les femmes mariées perdent bien par le défaut d'inscription tous leurs droits hypothécaires, et le droit de suite, et le droit de préférence; mais leur droit d'hypothè-

(1) Fenet, tome iii, pag. 207.

que étant une fois sauvegardé par l'inscription, si la purge leur fait perdre le droit de suite, elle ne les privera pas plus que les autres créanciers du droit de préférence. C'est tout ce qu'il importe de retenir pour le moment des dispositions de la loi de brumaire an VII, et des changements profonds qu'elle avait apportés à la situation des créanciers hypothécaires.

XXXV. Au moment de m'engager dans l'examen de la série des travaux préparatoires du Code, mon attention doit redoubler, afin de ne rien échapper dans ces nombreux travaux de ce qui peut amener à saisir la pensée du législateur.

Je parlerai successivement, pour marcher avec plus de certitude : 1° du projet de la commission nommée par le gouvernement en thermidor an VIII, et composée comme on sait de quatre membres, qui étaient MM. Portalis, Malleville, Tronchet et Bigot de Préameneu ; 2° du résultat de l'examen qui en fut fait par le tribunal de cassation et par les tribunaux d'appel ; 3° enfin, de la discussion au sein du conseil d'État.

TROISIÈME PARTIE.

Travaux préparatoires du Code Napoléon sur le titre des priviléges et hypothèques.

ARTICLE PREMIER.

Du projet de la commission du gouvernement (1).

XXXVI. La commission du gouvernement refusa son adhésion au maintien de la loi de brumaire, et se prononça en faveur du système des hypothèques occultes et du mode de purge établi par l'édit de 1771.

(1) Voir ce projet dans Fenet, II, pag. 211 et suiv., titre 6, *Des priviléges et hypothèques.*

M. Portalis expliqua ce retour de la commission à l'ancienne jurisprudence par divers motifs, dont voici la substance :

La loi de brumaire an vii avait un caractère trop fiscal ; elle opprimait plutôt qu'elle ne protégeait le crédit. Les précautions trop minutieuses deviennent onéreuses pour les bons citoyens, et favorisent plus d'une fois la fraude. La législation doit porter le cachet d'une certaine franchise et d'une certaine candeur ; on gouverne mal quand on gouverne trop, et un citoyen qui traite avec un autre doit accorder sa confiance autant à la moralité qu'à la fortune (1). Par ces diverses considérations que j'analyse, sans y adhérer, la commission du gouvernement présenta le projet dont voici l'économie, empruntée presque textuellement à l'ancien droit. Les hypothèques légales, judiciaires et conventionnelles n'étaient soumises à aucune condition de publicité ni de spécialité. Pour la purge, le système de l'édit de 1771 était à peu près rétabli en son entier, ou du moins les modifications qu'il subissait n'étaient qu'accessoires. Dépôt au greffe du tribunal d'une expédition du contrat d'acquisition ; — affiches sur un tableau placé dans l'auditoire, d'un extrait de ce contrat pendant le délai de quatre-vingt-dix jours ;—faculté pour les créanciers

(1) *Discours préliminaire sur le projet du Code*; Fenet, 1, p. 514 et 515.

hypothécaires privilégiés opposants de faire, dans ledit délai, une surenchère qui ne pourra être moindre du dixième. Les oppositions doivent être faites au bureau de la conservation des hypothèques ; elles conserveront les priviléges et hypothèques à l'effet de la collocation, suivant le rang de ces priviléges ou hypothèques (1).

Toute personne, qu'on note bien ceci, même les mineurs, les interdits, les femmes en puissance de mari, et sans qu'elles aient besoin d'autorisation, les absents, les agents ou préposés du gouvernement, sont tenus, *sous peine de déchéance*, de former opposition entre les mains du conservateur des hypothèques, à l'effet de conserver leurs priviléges et hypothèques, sauf le recours ainsi que de droit contre ceux qui, étant chargés de l'administration de leurs biens, auraient négligé de faire opposition (2). Il ne peut être accordé de rang dans l'ordre qu'aux créanciers qui ont formé opposition (3). Les oppositions produisaient leur effet pour cinq ans; elles étaient recevables jusqu'au sceau des lettres de ratification, qui sont un acte du tribunal, dans le ressort duquel les biens sont

(1) Art. 12, 23, 38, 81, tit. vi du projet; *Des priviléges et hypothèques;* Fenet, ii, pag. 211 et suiv.

(2) Texte de l'art. 17, tit. vii du projet, sect. ii, chap. 1er, Fenet, *ibid.*, pag. 227.

(3) Art. 112 du projet.

situés. Ces lettres sont d'ailleurs scellées ou purement ou simplement, ou à la charge des oppositions qui auront été notifiées (1).

On le voit, le projet de la commission est, sauf quelques légères différences, un emprunt fait à l'édit de 1771, ou plutôt le projet n'est autre chose que l'édit restauré.

(1) Art. 69, 70 du projet.

ARTICLE II.

Observations des tribunaux d'appel et du tribunal de cassation.

XXXVII. L'abrogation de la loi de brumaire an VII et la résurrection de l'ancienne jurisprudence proposées par la commission du gouvernement, devaient naturellement provoquer de la part des tribunaux supérieurs de nombreuses observations. Je parlerai d'abord des observations présentées par les tribunaux d'appel, pour faire une place réservée aux observations du tribunal de cassation.

D'après les limites géographiques de la France à cette époque, les tribunaux d'appel étaient au nombre de trente. Sur ce nombre huit seulement se prononcèrent pour le maintien de la loi de brumaire : ce furent les tribunaux de Bruxelles, Caen, Douai, Grenoble, Lyon, Montpellier, Paris et Rouen. Les vingt-deux autres se contentèrent de faire des observations de détail sur le système proposé pas la commission. Mais ce qu'il y a de très remarquable, c'est que les dis-

positions de ce projet, relatives aux lettres de ratification, furent combattues par tous les tribunaux qui
donnaient la préférence à la loi de brumaire an VII,
et que la déchéance du droit d'hypothèque qu'entraînait le droit d'opposition constituait les griefs principaux que les mêmes compagnies reprochaient à ce
projet. La magistrature de Lyon, de Grenoble, de
Montpellier, témoigna de sa répulsion avec une assez
grande vivacité; celle de Bruxelles surtout, se faisant
l'interprète des traditions d'un vaste ressort où la publicité s'était depuis longtemps naturalisée, s'expliquait sur ce point avec une énergie toute particulière;
elle qualifiait de *spoliation* la déchéance de l'hypothèque par suite de la négligence du créancier non
opposant (1). Ce qu'il y a de non moins remarquable,
c'est que quelques-uns des tribunaux d'appel qui ad-
mettaient en principe le projet de la commission, ne
s'élevaient pas avec moins de force contre la même
déchéance, comme on peut le voir dans les observations des tribunaux d'appel d'Aix et de Limoges (2).
Ainsi, il est exact de dire que la déchéance attachée
au défaut d'opposition était combattue par toutes les
opinions.

XXXVIII. L'adoption du principe de la restaura-

(1) Fenet, tome III, page 353.
(2) Fenet, tome III, 71 et 72, et V, 16.

tion de l'édit était surtout blâmée, en ce qui concernait la déchéance encourue par les mineurs, les interdits et la femme mariée. Il suffira de faire ici quelques citations. Le tribunal d'appel de Bruxelles disait, dans son lumineux rapport plein de faits historiques et de réflexions judicieuses, où l'expérience vient toujours éclairer et fortifier la théorie :

« Nous croyons que les surprises contre les propriétaires et contre les créanciers hypothécaires peuvent devenir très fréquentes, ainsi que leurs déchéances, pour n'avoir pas observé toutes les formalités voulues pour une opposition valable, et qu'il ne faut pas un concours de circonstances bien extraordinaires pour réaliser contre eux une véritable spoliation.

D'abord, *les mineurs, les interdits, les femmes communes en biens*, les hôpitaux, les communes, la république, peuvent avoir des curateurs, des époux, des administrateurs ou des agents peu surveillants ou peu éclairés à la triture des affaires.

Une opposition est négligée, ou n'est pas faite à temps, ou est faite sans les formalités requises. La propriété, les droits hypothécaires de ces personnes si dignes de la protection spéciale de la loi, sont, *ipso jure et facto*, en déchéance (Projet, tit. VII, art. 17, et tit. VIII, art. 4 et 89).

Nul moyen de relèvement et de restitution en entier ne peut les y réintégrer.

Et ce cas arrivera tous les jours : et très souvent

le recours du mineur contre son tuteur, après sa majorité, sera inutile, ainsi que celui de l'épouse commune en biens contre son mari. Mais encore entre
majeurs il existe de grandes facilités pour la sur-
prise » (1).

Le tribunal d'appel de Grenoble disait de son
côté, concernant les lettres de ratification :

« D'après le projet du Code, l'opposition formée au
bureau du conservateur des hypothèques conserve
bien les droits des créanciers opposants. L'homme
éclairé et soigneux pour ses affaires n'oubliera point
de la former; mais l'habitant des campagnes, qui a
obtenu un jugement ou passé un acte public qui lui
confère hypothèque, *une femme, un mineur*, qui ont
une hypothèque légale, négligeront de former opposition ou de la renouveler après *cinq ans*, et ils per-
dront leur hypothèque »(2).

Enfin le tribunal d'appel de Limoges qui, comme je
l'ai dit, ne combattait pas le projet de la commission,
demandait une exception en faveur de l'hypothèque
légale des personnes incapables. Voici comment il
s'exprimait à cet égard sur le titre vii du projet (article 17) :

« Suivant cet article, toutes personnes, même les

(1) Fenet, tome iii, pag. 382.
(2) Fenet, *Dict. loc.*

mineurs, les interdits, les femmes en puissance de mari, et sans qu'elles aient besoin d'autorisation, les absents, les agents ou préposés du gouvernement et les administrateurs des communes et des établissements publics sont tenus, sous peine de déchéance, de former opposition entre les mains du conservateur des hypothèques, à l'effet de conserver leurs priviléges et hypothèques. Cet article réserve un recours contre ceux qui, étant chargés de l'administration des biens, auraient négligé de former opposition ; mais il n'arrivera que trop souvent que ce recours deviendra inutile.

L'art. 17 de l'édit du mois de juin 1771 contenait une disposition à peu près semblable ; mais, suivant l'art. 32 de ce même édit, il n'était pas nécessaire de former opposition pour les hypothèques des femmes sur les biens de leurs maris, pendant la vie desdits maris, non plus que pour celles des enfants sur les biens de leurs pères, pour raison des douaires non ouverts.

L'on jugeait aussi que le défaut d'opposition ne nuisait pas à l'hypothèque des mineurs sur les biens vendus par le tuteur, comme l'observe un des commentateurs de cet édit, sur l'art. 8 ; et toutes ces exceptions, surtout celle accordée aux femmes mariées par l'art. 32, étaient fondées sur des motifs bien légitimes, pris du défaut de liberté des femmes mariées des mineurs, des enfants, quand il s'agit de la conservation de leurs droits vis-à-vis des maris, des tuteurs, des pères qui administrent leurs biens, et de la crainte de troubler l'union des familles » (1).

Ainsi, qu'on n'oublie pas que si les tribunaux d'appel se divisèrent sur le mérite respectif du projet de la commission ou du maintien de la loi de brumaire, ils se montrèrent unanimes pour repousser le système de la déchéance, surtout en ce qui concerne la femme mariée et le mineur.

XXXIX. Et le tribunal de cassation, quelle opinion se forma-t-il sur ces graves problèmes ? Le tribunal de cassation se prononça en faveur du système adopté par la minorité des tribunaux d'appel, c'est-à-dire pour le maintien de la loi de brumaire, et il formula dans ce sens un contre-projet qui est passé en grande partie dans le Code Napoléon. Publicité et spécialité des hypothèques formant la base du système ; point de dispense d'inscription des hypothèques légales des mineurs et des interdits ; enfin mode de purge à peu près semblable à celui de la loi de brumaire. Ce travail était motivé par des observations savantes, se distinguant par la concision comme par l'exactitude du langage et dignes du corps éminent qui se l'était assi-

(1) Fenet, *Dict. loc.*

milé (1). J'aurai occasion de citer plus tard quelques fragments de ces observations, et je me hâte de passer à la discussion qui eut lieu dans le sein du conseil d'État.

(1) Fenet, ii, pag. 640 et suivantes.

ARTICLE III.

De la discussion au conseil d'État.

XI. Cette discussion sera subdivisée, pour plus de clarté, en deux phases : l'une embrassant la discussion des bases du système hypothécaire jusqu'à la présentation du projet définitif : l'autre, la discussion qui s'ouvrit sur ce projet.

N° 1. *Examen de la discussion au conseil d'État des bases du système jusqu'à la présentation du projet définitif inclusivement.*

La section de législation, après avoir médité sur les observations présentées par les tribunaux d'appel et par le tribunal de cassation, se trouva divisée en deux fractions à peu près égales (1) ; l'une se prononçant pour le projet de la commission du gouvernement ; l'autre pour la conservation de la loi hypothécaire en vigueur. Dans cet état de choses, la section délibéra que deux rapports seraient présentés au conseil sur les deux systèmes qui divisaient les esprits (2). La discussion eut lieu dans les deux séances des 12 et 19 pluviôse an xii (2 et 9 février 1804). — Ces deux séances furent présidées par le premier Consul qui fit briller, en cette nouvelle rencontre, toute la supériorité de son génie, alliant à une rare sagacité ce sens exquis qui saisissait en un instant le véritable nœud des difficultés à résoudre, marchait droit au dénoûment et faisait triompher autant que possible, dans la législation, comme dans la politique, des idées de transaction et de conciliation.

M. Bigot de Préameneu présenta dans un mémoire consciencieusement élaboré, portant l'empreinte de son esprit orné et méthodique, toutes les considérations qui militaient en faveur du projet de la commission. Il chercha à y démontrer que le nouveau système de publicité et de spécialité ne procurait ni la connaissance de la fortune du débiteur, ni la sûreté du prêteur, ni la

(1) Voir sur ce partage qui fut plus de convention que réel, M. Locré, *Notice historique* sur le titre des priviléges et hypothèques, tome xvi, pag. 52 et suiv.

(2) *Ibid.*

plénitude du crédit pour l'emprunteur. Venant à s'expliquer sur le système de l'édit de 1771, il reconnaissait les graves inconvénients qu'il présentait. « La forme « de déchéance établie par cet édit, disait-il, était « sans doute sujette à des inconvénients. Les rédac- « teurs du projet du Code sont les premiers à désirer « que de meilleurs moyens lui soient substitués » (1). Ce rapport fut suivi d'observations présentées par quelques membres, et bientôt après M. Réal, esprit sobre et judicieux, fit un exposé au nom des membres de la section qui n'avaient pas partagé l'opinion de M. de Préameneu. Cet exposé, beaucoup plus bref que le rapport de M. de Préameneu, contenait une analyse sommaire des avantages de la loi de brumaire et des inconvénients qu'il y aurait à rapporter une loi si récente et qui avait été mûrement élaborée. La discussion qui s'engagea ensuite et qui occupa les deux séances que j'ai déjà indiquées, roula uniquement sur les trois questions suivantes qui en résument tout l'ensemble : 1° fallait-il opter pour le projet de la commission, ou pour la loi de brumaire ? 2° le système de la loi de brumaire étant maintenu, fallait-il l'amender, en créant une exception en faveur des hypothèques légales de la femme mariée et du mineur qui seraient désormais dispensées d'inscriptions ? 3° si on consacrait cette exception, quels moyens admet-

(1) Fenet, xv, pag. 228.

trait-on pour arriver à la purge des ces hypothèques légales?

La plupart des membres qui prirent la parole, MM. Treilhard, Berlier, Jollivet, le consul Cambacérès et surtout le premier Consul, se prononcèrent dans le sens de M. Réal, en faveur du maintien de la loi de brumaire. M. Portalis, quoique membre de la commission des quatre, ne défendit que faiblement les vues présentées par M. Bigot de Préameneu. Celui-ci rencontra un vigoureux auxiliaire en M. Tronchet, logicien des plus habiles et son collègue, dans la commission, mais cet auxiliaire fut le seul. Sur l'amendement que l'on proposait à la loi de brumaire à l'effet de dispenser de la formalité de l'inscription les hypothèques légales de la femme mariée et du mineur, la majorité des orateurs se dessina pour l'affirmative : ici MM. Bigot Préameneu et Tronchet s'associèrent aux partisans de l'exception. M. Portalis, élevé dans un saint respect pour la famille et défenseur-né de toutes les idées morales, la soutint avec son autorité ordinaire ; MM. Berlier et Treilhard, constatons-le avec soin, formèrent la minorité en demandant jusqu'au bout le maintien pur et simple des principes de la loi de brumaire an VII. Sincèrement dévoués l'un et l'autre à la cause de la révolution, toujours disposés à réaliser dans les lois toutes ses conséquences avec une rigueur inflexible, ils considéraient l'inégalité qu'on voulait établir comme une atteinte au dogme de l'égalité constitutionnelle sur laquelle on avait assis la loi en vigueur (1). Mais ce qui domina dans cette solennelle discussion, ce fut la vivacité des convictions avec laquelle le premier Consul prit la défense des intérêts des personnes incapables.

Il fallait pourtant, dans le système de la dispense d'inscription des hypothèques légales, créer un moyen de les restreindre dans l'intérêt des prêteurs et de les purger dans l'intérêt des acquéreurs. En d'autres termes, il fallait concilier les intérêts des tiers avec ceux des créanciers hypothécaires ayant droit à une protection spéciale. Cette conciliation n'était pas chose trop facile : d'une part le droit romain ne présentait aucune combinaison de cette nature; d'autre part le système des décrets volontaires était impraticable, on n'y pouvait revenir; enfin la loi de brumaire avec son absolutisme n'offrait aucun procédé qui pût être imité. Restait donc le système des lettres de ratification, mais on était d'accord de proscrire les hypothèques occultes auxquelles il se rattachait; l'embarras était donc fort grand. Aussi la marche de la discussion fut-elle parfois un peu laborieuse. Néanmoins, sur ce point comme sur tous les autres, ce fut le premier Consul qui domina le débat et fournit les principaux

(1) Crassous (de l'Hérault) le dit très explicitement dans son rapport au conseil des Cinq-Cents (*Moniteur* du 9 germinal, an vi).

aperçus d'où est sorti le système de la loi. Il est bon de citer ici quelques-unes de ses observations, car elles formèrent constamment comme un courant qui attira à lui et entraîna en définitive la grande majorité des opinions.

XLI. A la fin de la première séance, lorsque les divers systèmes se furent produits, le premier Consul lesrésuma et posa le premier la question de la conciliation. « Cette *conciliation* serait obtenue, selon lui, si on décidait que les hypothèques légales frapperont de plein droit le mari et le tuteur, que cependant il serait permis au mari de les restreindre à une portion suffisante de biens si la femme y consentait ; que la même faculté serait donnée au tuteur. Que si les biens étaient insuffisants pour restreindre ainsi l'hypothèque, l'acquéreur achèterait à la charge des hypothèques, ainsi que le décidait l'édit de 1771 » (1). M. Réal ayant répondu que ce serait aller directement contre le but que l'on se proposait, le premier Consul répliqua par ces paroles mémorables qui ont été plus d'une fois citées :

« Depuis qu'il entend discuter le Code civil, il s'est souvent aperçu que la trop grande simplicité dans la législation est l'ennemie de la propriété. On ne peut

(1) Fenet, xv, pag. 302 et 303.

rendre les lois extrêmement simples, sans couper le nœud plutôt que de le délier et sans livrer beaucoup de choses à l'incertitude de l'arbitraire.

Cependant, si la justice civile est la base de la loi, chacun est frappé du sentiment que les droits des hommes reposent sur des principes immuables. On perd au contraire le respect pour la propriété, lorsqu'on la regarde comme soumise à des chances qui peuvent facilement et sans raison la porter d'une main dans une autre. Partout les hypothèques des femmes et des mineurs ont été considérées comme naissant et s'identifiant avec l'engagement qui les fait naître ; c'est ce principe qu'il faut parvenir à *concilier* avec la sûreté des acquéreurs et des prêteurs. La loi sera moins simple, mais elle sera conforme aux principes de la justice civile» (1). M. Réal insiste de nouveau. Le premier Consul insiste à son tour par les précisions suivantes : le premier Consul dit « qu'il ne s'agit point de revenir sur ce système, il faut la publicité, il faut la spécialité ; mais il faut aussi qu'elle ne puisse nuire aux hypothèques légales. »

«M. Treilhard a observé que les frais de saisie réelle consument le bien du débiteur et le gage du créancier ; qu'avec des hypothèques cachées il n'y a plus de sûreté pour les acquéreurs ni pour les prêteurs, qui

(1) Fenet, xv, pag. 302 et 303.

peuvent se laisser tromper par de fausses apparences.
Il a présenté la publicité et la spécialité comme le
remède de ces inconvénients; on les lui accorde; mais
on désire en même temps que sans rien changer au
fond du système, la loi évite de commettre une in-
justice en sacrifiant un principe à l'autre, et en ren-
dant sans effet les hypothèques légales » (1).

Dans la seconde séance, celle du 19 pluviôse an XII,
après que M. Portalis eut rouvert la discussion, le premier Consul jugea qu'il était « nécessaire de fixer les
esprits par quelques observations. Il remarque dans la
loi du 11 brumaire, qui est placée sous ses yeux, des
articles par lesquels certaines créances, que la loi
nomme *privilégiées*, sont dispensées d'inscriptions :
aussi, dit-il, les auteurs de la loi ont reconnu que le
système de la publicité et de la spécialité n'est pas absolument incompatible avec l'hypothèque légale que
la loi fait résulter de plein droit de quelques engage-
ments à raison de leur nature. Or, on ne propose que
de donner un peu plus d'étendue à ce principe admis
par la loi même.

On pourrait laisser subsister la publicité et la spécialité à l'égard de toutes les hypothèques et se borner
à affranchir de la formalité de l'inscription celles dont
parle le chapitre IV de la loi du 11 brumaire.

(1) Fenet, 15, pag. 303-304.

Peut-être objectera-t-on que la condition des acheteurs sera moins avantageuse que sous le régime de l'édit de 1771, parce que du moins alors, en prenant des lettres de ratification, ils se mettaient en sûreté.

Le Consul voit dans l'édit de 1771 des exceptions en faveur des droits du domaine et du douaire non ouvert, à l'égard desquelles les hypothèques n'étaient point purgées par des lettres de ratification. Il en conclut que, sous ce dernier rapport, on se retrouvait dans le système du droit romain, suivant lequel l'ordre des hypothèques était réglé par la date des créances; qu'ainsi aucune loi n'a encore donné de sûreté complète aux acquéreurs et aux prêteurs: mais, continue-t-il, « on peut établir cette sûreté et *faciliter l'af-* « *franchissement des immeubles*, même grevés d'hypo- « thèques légales, en autorisant à rendre ces hypo- « thèques spéciales d'après une procédure sommaire, « ou d'après le consentement de la femme » (1).

Bientôt après, le consul Cambacérès, entrant dans les idées du premier Consul et recherchant avec lui un mode propre à pourvoir à la sûreté des acquéreurs, dit : « On peut aussi exiger le dépôt du contrat pendant un certain temps ; on peut exiger que l'acquéreur notifie son opposition à la femme, ce n'est point lui imposer une obligation onéreuse que de le soumettre à

(1) Fenet, xv, pag. 306.

quelques formalités qui assurent son repos sans le constituer en frais » (1).

M. Berlier ayant, comme je l'ai dit, fortement soutenu avec M. Treilhard le système égalitaire de la loi de brumaire an VII, le premier Consul reproduisit avec énergie les idées qu'il avait déjà émises : il dit entre autres choses : « Détruire ainsi par les formes les principes qu'on a posés, c'est faire des lois de fantaisie, des lois aussi mobiles que le caprice qui les a produites. S'il existait beaucoup de lois semblables, il n'y aurait plus de justice civile; car il n'y aurait plus de principes fixes et convenus. La propriété deviendrait flottante; les biens seraient au premier occupant. »

Ce n'est pas cependant qu'on ne rencontre quelques légers embarras en donnant aux hypothèques légales leur effet par la seule force de la loi. Mais cet inconvénient n'est rien auprès de celui de porter des lois contradictoires, et d'imprimer à la législation tout entière le cachet de l'instabilité ! D'ailleurs, on a déjà indiqué des moyens de *concilier* le système des hypothèques légales avec celui de la publicité et de la spécialité (2).

Quelques membres présentèrent des réflexions qu'il est inutile de consigner ici, et la discussion fut close de la manière suivante : le premier Consul dit qu'il se

(1) Fenet, pag. 314.
(2) Fenet, v, pag. 324, 325.

rend aux raisons qu'on a proposées pour faire dépendre de la formalité de l'inscription l'effet de l'hypothèque légale du fisc; il en pourra résulter quelques pertes pour l'État; mais cet inconvénient est moins grand que celui de sacrifier au fisc la sûreté des citoyens. *Le Consul désire que les hypothèques légales des femmes et des mineurs aient leur effet par la seule force de la loi.*

« Il admet la publicité et la spécialité pour toutes les « autres hypothèques; mais il pense que celles de la « femme et du mineur ne doivent pas dépendre de la « formalité de l'inscription. Il voudrait cependant que « l'acquéreur fût admis à les *purger* par une procé- « dure particulière qui garantit également ses droits « et ceux de la femme, et que cette procédure ne pût « avoir lieu qu'après que le contrat serait exposé « pendant deux ou trois mois au bureau des hypothè- « ques » (1).

Le consul Cambacérès s'exprima ensuite en ces termes : « Je pense que l'exposition du contrat est une formalité indispensable. La clandestinité ne peut être utile qu'à la fraude : tantôt c'est un acquéreur qui veut consommer dans les ténèbres un marché scandaleux; tantôt un vendeur qui cherche à frustrer ses créanciers; que du moins les hypothèques légales soient mises hors d'atteinte.

(1) Fenet, xv, pag. 324.

On peut au surplus les inscrire. Il suffirait qu'elles le fussent au domicile du débiteur et que cette inscription valût pour les biens qu'il pût posséder dans d'autres arrondissements. Mais l'inscription ne doit pas être une condition dont l'oubli expose la femme ou le mineur à perdre son hypothèque ; il faut qu'ils aient leur garantie par la seule force de la loi.

On objecte que les maris feront obliger leur femme.

Il faudrait le défendre ; car les familles n'ont de consistance que là où la dot est en sûreté.

Sous l'ancienne législation, qui ne s'occupait que de l'intérêt des femmes et des mineurs, les acquéreurs savaient pourvoir par eux-mêmes à leur sûreté. S'ils avaient des doutes, ils ne délivraient pas le prix, ou ils stipulaient un emploi.

Dans la législation nouvelle, on peut établir pour leur sûreté toutes les précautions qu'on jugera convenables, *pourvu qu'on n'oblige pas ceux à qui la loi accorde l'hypothèque légale d'agir pour la conserver.* On peut, par exemple, ordonner que le contrat demeurera déposé ; que le commissaire du gouvernement veillera à ce que les formalités prescrites pour avertir les tiers soient remplies ; que l'acquéreur sera tenu d'avertir la femme ; qu'il pourra exiger l'emploi des deniers. »

Le premier Consul parla le dernier et dit « que « l'inscription des hypothèques légales ne doit être « qu'une simple formalité, et non une condition né-

« cessaire pour en assurer l'effet ; qu'il faut cepen-
« dant établir des moyens de les *purger* ; que s'il était
« impossible d'organiser un système qui mît tous les
« intérêts à couvert, il faudrait faire céder la sûreté
« d'un majeur qui prête et qui acquiert à celle de la
« femme et du mineur, que leur état rend incapables
« de se protéger eux-mêmes » (1).

XLII. Le procès-verbal se termine par la mention
suivante qui mérite d'être remarquée :

Le conseil adopte en principe que toute hypothèque sera publique ;

Que l'hypothèque conventionnelle sera toujours
spéciale ;

Que la sûreté de la femme et du mineur doit être
préférée à celle des acquéreurs et des prêteurs (2).

M. Treilhard, bien qu'il eût constamment résisté
à la dispense d'inscription en faveur des hypothèques
légales qui venait d'être adoptée en principe, fut
chargé de la rédaction du projet sur les bases qui
venaient d'être arrêtées. — Ce conseiller d'Etat présenta sa rédaction quatre jours après, c'est-à-dire le
3 ventôse an XII ou 23 février 1804 (3).

Le contre-projet formulé par le tribunal de cassa-

(1) Fenet, XV, pag. 324-325.
(2) Fenet, 15, 325-326.
(3) Fenet, *ibid.*, 326.

tion constitua le fond du travail de M. Treilhard, sauf quelques modifications et notamment celle qui devait consacrer l'exception admise en faveur des hypothèques légales. Ainsi l'art. 44 du projet, devenu l'art. 2135 du Code, portait que l'hypothèque légale existait indépendamment de toute inscription au profit de la femme mariée et du mineur. D'un autre côté les art. 52 et 53, devenus les art. 2143, 2144 et 2145, formulaient le mode de restriction des hypothèques légales sur les biens du tuteur et du mari. L'art. 89, devenu l'art. 2180, énumérait les causes d'extinction des hypothèques. — Enfin les art. 103, 104, 105 devenus les art. 2193, 2194 et le § 1er de l'art. 2195, réglaient la forme et les effets de la purge des hypothèques légales. Il est à remarquer que l'art. 105 devenu le § 1er de l'art. 2195, était ainsi conçu :

Art. 105. « Si, dans le cours des deux mois de l'exposition du contrat, il n'a pas été fait d'inscription sur les immeubles vendus, ils passent à l'acquéreur sans aucune charge, à raison des conventions matrimoniales de la femme, ou de la gestion du tuteur » (1).

Ici se termine la première phase de la discussion au conseil d'Etat, phase que j'ai cru devoir distinguer de la seconde, parce que la pensée du Conseil y a été définitivement arrêtée.

(1) Fenet, *ibid.*, 350.

II. *De la discussion du conseil d'État après la présentation du premier projet.*

XLIII. La discussion de ce projet commença à cette séance et se continua à celle du 10 ventôse an XII. Le premier Consul, qui présidait à ces séances, fit, au sujet de l'art. 49, devenu l'art. 2140, plusieurs observations qui, sans avoir trait à la question de la purge, mais dans l'ordre des idées auxquelles se référait l'article discuté (la restriction de l'hypothèque légale dans le contrat de mariage), mirent encore en relief toute l'importance qu'il attachait à protéger la femme contre les stipulations onéreuses que l'on pourrait obtenir d'elle, et les renonciations générales à son hypothèque légale (1).

Dans la séance du 10 ventôse an XII, la discussion s'étant engagée sur les art. 104 et 105, à la suite des observations de M. Malleville et du consul Cambacérès, qui firent remarquer qu'il n'était pas suffisamment pourvu dans le projet à la sûreté des femmes et des mineurs et qu'il fallait compléter le système des précautions, le conseil renvoya à la section les articles discutés. La section procéda à une révision immédiate, car dans la même séance le conseil adopta le

(1) Fenet, 472 et suiv.

projet dans lequel se trouvèrent ajoutés à l'ancien art. 105 devenu l'art. 104 du nouveau projet deux paragraphes qui, avec cet article, sont devenus l'article 2195 du Code.

La communication officieuse faite au Tribunat ne produisit aucun résultat qui mérite d'être signalé. Le conseil ayant adopté, dans la séance du 22 ventôse an XII, les changements que la section de législation du Tribunat avait provoquées, M. Treilhard fit la lecture d'une rédaction nouvelle du titre entier des priviléges et hypothèques dans la même séance. On remarque, pour la première fois, à la fin du § 1er de l'art. 104 devenu le § 1er de l'art. 2195, ces mots : *et sauf le recours, s'il y a lieu, contre le mari et le tuteur* (1). M. Treilhard présenta ensuite l'exposé des motifs au Corps législatif, dans la séance du 24 ventôse an XII. J'aurai occasion de citer dans la discussion quelques fragments de cet exposé.

Les travaux préparatoires du Code Napoléon étant ainsi connus, je vais, dans une quatrième partie de mon travail, mettre la doctrine de la Cour de cassation en présence, soit des travaux dont il vient d'être parlé, soit de l'histoire de l'ancien droit.

(1) Fenet, xv, pag. 445.

QUATRIÈME PARTIE.

Réfutation de la doctrine de la Cour de cassation.

XLIV. L'arrêt de la Cour de cassation, du 13 février 1852, qui résume tous les moyens sur lesquels repose la théorie que je combats, est ainsi conçu :

La Cour ; — vu l'art. 2180 Code Napoléon ; — attendu qu'aux termes de l'art. 2180, les hypothèques s'éteignent par l'accomplissement des formalités et conditions prescrites aux tiers détenteurs pour purger les biens qu'ils ont acquis ; — que ce mode d'extinction, puisque la loi ne fait à cet égard aucune distinction, s'applique aux hypothèques légales aussi bien qu'aux hypothèques conventionnelles ou judiciaires ; — que si, suivant la disposition de l'art. 2135, l'hypothèque existe, indépendamment de toute inscription, au profit des femmes, sur les immeubles de leurs maris, cette exception à la règle générale de la publicité cesse lorsque les immeubles étant passés dans les mains des tiers, ceux-ci ont rempli les formalités de la purge ; — que l'art. 2193 confère, en effet, aux tiers acquéreurs le droit de purger les hypothèques légales, non inscrites, existant sur les biens par eux acquis ; — que l'art. 2194 énumère les formalités nécessaires pour mettre la femme en demeure de prendre inscription, et que l'art. 2195 déclare que si dans les deux mois de l'exposition de l'acte de vente, il n'a pas été fait d'inscription du chef de la femme, l'immeuble passe à l'acquéreur sans aucune charge ; que l'hypothèque légale, ainsi frappée de déchéance en ce qui concerne l'acquéreur, par l'accomplissement des formalités légales, ne peut conserver sa puissance en ce qui concerne les créanciers, puisque, d'une part, cette déchéance est prononcée sans aucune réserve, et que, d'une autre part, la loi n'accorde à la femme qu'un recours contre son mari ; que, d'ailleurs, la femme qui a perdu son droit de suite sur l'immeuble ne peut revendiquer un droit de préférence sur le prix, puisque le prix n'est que la représentation de l'immeuble affranchi d'hypothèque, et que le droit de collocation n'est que la continuation et la conséquence du droit de suite ;

Attendu, en fait, qu'il est constaté par l'arrêt attaqué que les adjudicataires des immeubles du sieur Vabre ont purgé l'hypothèque légale dont ils étaient

grevés et que la dame Vabre n'a pris aucune inscription dans le délai déterminé par la loi ; que cependant l'arrêt admet ladite dame Vabre à exercer
son hypothèque légale sur le prix des immeubles ad-
jugés ; qu'en jugeant ainsi la cour d'appel de Nîmes
a faussement interprété et appliqué les art. 2183,
2193, 2194, 2195, et expressément violé l'art. 2180,
Code Nap.; — casse, etc.

Ainsi, en résumant ces motifs, la doctrine qui
maintient à la femme et au mineur le droit de préférence sur le prix, contient : 1° une violation de
l'art. 2180; 2° une fausse interprétation et application des art. 2135, 2193, 2194 et 2195 du
même Code. — Nous examinerons successivement ces
deux motifs.

CHAPITRE PREMIER.

XLV. Le premier motif de l'arrêt de la Cour de cassation consiste à prétendre, comme on vient de le voir, que l'hypothèque est *éteinte* par la purge.

Pour apprécier ce motif, il importe de préciser nettement l'effet juridique attaché à la purge des hypothèques.

Avant la purge, le tiers détenteur est tenu, en cette qualité, de l'intégralité de toutes les créances hypothécaires (art. 2114, § 3, 2166); il est soumis à l'obligation du paiement de ces créances, si mieux il n'aime délaisser (art. 2167 à 2169). D'un autre côté, les créanciers ont le droit de surenchérir à l'occasion de la purge (2185), de telle sorte que le nerf de l'hypothèque ou le droit de suite s'exerce par deux moyens bien distincts, la sommation de purger, si mieux n'aime le déten-

— 108 —

teur délaisser, et la surenchère ou réquisition de mise
aux enchères qui brise le titre du tiers détenteur.
L'accomplissement des formalités de la purge change
tout-à-fait cette situation au profit du nouveau propriétaire. Il n'a plus à craindre désormais ni la sommation dont nous venons de parler, ni la surenchère,
et il n'est plus tenu que jusqu'à concurrence du prix
stipulé dans le contrat ou déclaré par lui. Deux effets,
mais deux effets seulement, ressortent donc de la
purge : 1° affranchissement pour le nouveau propriétaire des poursuites autorisées par les art. 2167 à 2169,
Code Nap. ; 2° restriction ou réduction définitive des
charges hypothécaires dans les limites du prix fixé
ou déclaré. Mais les hypothèques ne sont pas pour
cela éteintes ou évanouies, car elles subsistent jusqu'à
la consignation ou jusqu'au paiement effectif (2186), si
bien que si le tiers détenteur ne paie pas ce prix, il restera soumis jusqu'à due concurrence, lui et ses ayant-
cause, à l'effet des charges résultant de l'hypothèque (1). C'est donc la consignation ou le paiement ef-

(1) M. Blondeau, *Essais sur quelques points de législation ou
de jurisprudence...* Note de la page 404. — Paris, 1850, in-8°.
M. Bigot Préameneu déclara formellement, dans la séance du
conseil d'Etat du 12 ventôse an XII, que les hypothèques *n'é-
taient effacées que par le paiement* (Fenet, XV, 395).

M. Treilhard disait aussi sur l'art. 2186 : « Le nouveau propriétaire est *libéré de toute charge en payant ou en consignant* »
(Fenet, XV, 472).

fectif du prix (1), et non les formalités de la purge qui
entraînent l'extinction de l'hypothèque ; et la purge
n'est en vérité qu'une préparation, qu'un acheminement pour arriver à cette extinction (2); car elle est la
liquidation nécessairement préalable de la valeur
réelle de l'immeuble.

L'art. 2180, n° 3, ne contient qu'une nomenclature, et il faut nécessairement pour l'interpréter
recourir à l'art. 2186, dont l'objet *spécial* est de déterminer les effets juridiques de la purge. Or, ce second article résiste manifestement à l'interprétation
qui a été donnée au premier.

En effet, quand le prix est consigné, si l'hypothèque est éteinte par rapport à l'acquéreur, elle ne l'est
pas par rapport aux créanciers, car leur hypothèque
passe alors de l'immeuble sur le prix ; il en est de
même dans le cas où la consignation n'a pas lieu, l'acquéreur tenant le prix à la disposition des créanciers
qui seront utilement colloqués.

Que dit, en effet, l'art. 2186, qui n'est que la repro-
duction à peu près littérale de l'art. 32 de la loi du

(1) Ou bien la déchéance prononcée en exécution de l'art. 759,
C p. c.

(2) Zachariæ, *Droit civil théorique français*, tome II, 213.
M. Valette dit aussi avec une grande exactitude que la purge est
un *tempérament au droit de suite*. Des priviléges et hypothèques, n° 121.

11 brumaire an vii ? « A défaut par les créanciers d'avoir requis la mise aux enchères dans le délai et les formes prescrites, la valeur de l'immeuble demeure définitivement fixée au prix stipulé dans le contrat, ou déclaré par le nouveau propriétaire, lequel est en conséquence libéré de tout privilége et hypothèque, en payant ledit prix aux créanciers *qui seront en ordre de recevoir…* » Aux créanciers *en ordre* de recevoir….. donc les hypothèques subsistent, bien que la purge ait eu lieu ; car si elle ne subsistait plus, il n'y aurait pas un *ordre* à établir (1).

Ces principes sont vrais, incontestables, dans le cas de la purge ordinaire. Pourquoi donc ne le seraient-ils plus quand il s'agit de la purge des hypothèques légales dispensées d'inscription, le résultat étant le même, si le mode de la purge est différent ?

Serait-ce parce que celles-ci sont plus favorisées, à raison des formalités spéciales de la purge ?

Il n'y a pas, ne l'oublions jamais, deux purges des

____

(1) Le Code de procédure contient la même formule pour le cas d'expropriation (art. 749-750.)

M. Grenier, présentant au Corps législatif le vœu d'adoption du Tribunal sur ces articles, disait qu'après l'expropriation, l'hypothèque *passait* de la chose expropriée *sur le prix* (Locré, t. xxii, pag. 658). Il parlait, en 1806 comme en 1787, dans son commentaire sur l'édit.

hypothèques : il y a, pour arriver à la purge, des *modes* (1) différents, mais le *résultat* est identique.

Qu'on cesse donc de nous dire que l'hypothèque est *éteinte* par la purge, car cela n'est vrai à aucun point de vue; qu'on cesse de nous opposer l'art. 2180, n° 3, puisque nous prouvons, avec l'art. 2186, qui en en est inséparable et qui est applicable ici *à fortiori*, qu'on en fait une fausse application.

XLVI. Pour tous les autres cas d'extinction d'hypothèque prévus par l'art. 2180, l'extinction est absolue. Quand il y a dissolution de l'obligation principale, renonciation du créancier à l'hypothèque, prescription, il ne reste plus aucun vestige de l'hypothèque : tout a péri en même temps, droit de suite et droit de préférence. Mais quand il n'y a que *purge*, l'extinction se réduit alors à la perte ou au tempérament du droit de suite, dans le sens qui a été précisé. La *nature* de la purge, les premiers éléments du système hypothécaire et l'art. 2186, le disent formellement.

XLVII. L'histoire du droit confirme pleinement ces

(2) *Vide* la rubrique du chap. ix; Du mode de purger... *Vide* aussi l'avis du conseil d'Etat du 5-8 mai 1812. Le conseil d'Etat est d'avis que le *mode* de purger les hypothèques légales..., etc. C'est en ce sens que M. Treilhard disait : On peut purger ces hypothèques *comme les autres.* » (Fenèt, xv, pag. 472.)

théories; ainsi on a vu que, d'après la doctrine des auteurs les plus accrédités, Domat, Basnage, Soulatge, la purge n'était pas considérée comme un cas d'extinction des hypothèques, et on a pu remarquer en outre que la loi de messidor an III consacrant cette doctrine avait adopté la même méthode (1).

Les origines bien connues de l'art. 2180 viennent imprimer le caractère de l'évidence à cette démonstration. En effet, quand on recherche ces origines, on reconnaît que M. Treilhard, rédacteur du projet, a puisé la nomenclature de l'art. 2180, inexacte quant à son n° 3, dans le contre-projet présenté par le tribunal de cassation, où il figure sous le n° 89 (2). Le tribunal de cassation l'avait lui-même, selon toutes les probabilités, emprunté à Pothier, dans les nomenclatures de son *Traité de l'hypothèque*. Mais Pothier entendait si peu assimiler l'extinction résultant de la purge aux extinctions provenant d'autres causes, que, dans son *Introduction à la coutume d'Orléans*, il procède, on l'a déjà vu, comme tous les autres auteurs, et ne mentionne pas la purge au nombre des cas d'extinction (3).

Le tribunal de cassation se méprenait si peu lui-même

(1) *Vide supra*, page 67, *in fine*.
(2) Fenet, II, pag. 668. L'identité est frappante.
(3) *Vide supra*, page 64 et la note.

sur les effets juridiques de la purge, qu'il les précisait de la manière suivante, dans ses observations sur son contre-projet : « La transcription suivie de notification, suivie de surenchère survenue, a donc, et l'effet d'effacer toutes les hypothèques dernières, en ce qu'elles excèdent le prix dû par l'acquéreur, *et de réduire au montant de ce prix les hypothèques entre lesquelles il se distribuera*, SUIVANT LEUR RANG (1). Et plus loin, il disait : La forme pour purger les hypothèques, *ou plutôt* LES RÉDUIRE A CONCURRENCE DU PRIX D'ACHAT, est la plus simple et la plus juste possible(2). Ainsi le tribunal de cassation, s'il classait la purge des hypothèques au nombre des causes d'extinction, reconnaissait bien que cette extinction ne portait pas sur le droit de préférence, puisqu'il disait formellement qu'elle avait l'effet *de réduire au montant du prix les hypothèques entre lesquelles il se distribuerait* SUIVANT LEUR RANG.

Ce soin particulier, qu'avait pris le tribunal de cassation de définir par deux fois les effets de la purge, s'explique par cette raison que, n'adoptant pas la méthodologie de la loi de messidor, puisqu'il innovait en classant la purge au nombre des causes d'extinction, il tenait à prévenir toute fausse interprétation de ce changement de pure forme.

(1) Fenet, ii, pag. 644.
(2) IXe observation. — Fenet, *ibid.*, pag. 647.

XLVIII. Savez-vous donc où il faut en venir pour répondre à ces arguments ? Il faut nier purement et simplement la séparation qui existe entre le droit de préférence et le droit de suite, car si cette séparation peut se faire, ou si l'indivisibilité n'existe pas, l'argument pris de l'art. 2186, combiné avec l'article 2180, est tout-à-fait invincible. On a bien compris que le système que je combats obligeait d'aller jusqu'à cette extrémité, et on n'a pas reculé devant elle. Voici, en effet, ce qu'on lit dans le rapport de M. le conseiller Faustin Hélie :

« Maintenant, quels doivent être les effets de cette extinction ? est-ce une déchéance absolue comme dans l'ancien droit ? n'est-elle, au contraire, que partielle ? ne s'applique-t-elle qu'au droit de suite ?

Aux considérations ingénieuses présentées pour séparer le droit de suite et le droit de préférence, on peut répondre que ce sont là deux effets d'une même cause ; que le droit de suite est le moyen employé pour arriver au droit de préférence, qui est la fin de l'hypothèque ; *que celui-ci n'est que la conséquence, la suite et le complément de l'autre ;* qu'il suit de là que, si le *droit de suite* est éteint *à raison du défaut* d'inscription, le *droit de préférence* n'ayant été *ni maintenu ni conservé,* s'éteint également ; qu'il est impossible d'admettre que l'hypothèque nulle, relativement à l'immeuble, conserve ses effets sur le prix, qui n'est que la représentation de cet immeuble ; que le droit est le même, et que l'objet auquel il s'applique a seul changé de nature, et qu'il *serait étrange* de supposer que ce droit, tout à l'heure frappé de déchéance, puisse revivre, par cela seul que l'immeuble s'est transformé en une somme d'argent. »

Pour conserver à ces observations toute leur autorité, M. le conseiller rapporteur cherche à répondre aux nombreux exemples qui ont été invoqués, pour établir que le droit de suite peut périr sans que le droit de préférence soit atteint. Ces exemples sont empruntés à l'art. 5 de la loi du 5 septembre 1807 ; aux art. 2109-2111 du Code Napoléon, combinés avec l'art. 834 du Code de procédure ; à l'art. 2198 C. N. ; à l'art. 17 de la loi du 3 mai 1841, sur l'expropriation pour cause d'utilité publique. Ils sont enfin empruntés à toute la théorie des priviléges sur les meubles, où le droit de préférence existe sans qu'il y ait droit de suite (2095, 2101, 2102, 2119). M. le conseiller rapporteur a fait sur quelques-uns de ces exemples quelques précisions qui sont loin d'être convaincantes, car la disjonction dont il s'agit est littéralement écrite dans l'art. 2198. Elle est manifeste pour le privilége sur les meubles, non moins manifeste dans le cas de l'art. 17 de la loi du 3 mai 1841, et bien difficilement contestable à l'égard des créanciers et légataires qui, ayant perdu leur droit de suite, en vertu des art. 834 et 835, Cod. proc., pour n'avoir point inscrit leur privilége dans la quinzaine de la transcription du contrat d'aliénation, ont conservé leur droit de préférence sur le prix, s'ils se trouvent encore dans les conditions de l'art. 2111 du Code Napoléon. Cela est d'autant moins douteux, que M. Tarrible, dont l'autorité est très grande en ces matières, présentant au Corps législatif, dans la séance du 22 avril 1806, le vœu d'adoption émis par la section de législation du tribunat, sur les six premiers titres du livre 1er de la seconde partie du Code de procédure civile, disait au sujet des art. 834 et 835 de ce Code : « Le projet a distingué, comme il le devait, la faculté de surenchère qui est commune à tous les créanciers, soit privilégiés, soit simplement hypothécaires, d'avec le droit de préférence sur le prix qui est l'apanage des privilégiés. *La faculté de surenchères envers le nouveau propriétaire est soumise pour tous à une règle uniforme, et le* DROIT DE PRÉFÉRENCE EST CONSERVÉ *aux privilégiés envers les autres créanciers,* TEL QU'IL ÉTAIT AUPARAVANT » (1).

Mais je ne veux point disserter ici plus longtemps sur ces diverses applications, et je me bornerai à ramener constamment le débat sur le terrain de l'art. 2186. Or, c'est bien cet article qui régit l'espèce actuelle ;

(1) Locré, tome xxiii, page 175, Code de proc. — M. Tarrible reconnaissait donc de la manière la plus explicite que le droit de préférence survivait au droit de suite.

car il précise *les effets généraux* de la purge, et il ne faudrait rien moins qu'une disposition textuellement contraire dans le chapitre ix du titre des priviléges et hypothèques, pour que ce texte perdît toute son autorité.

XLIX. Indépendamment des textes, la philosophie et l'histoire du droit sont-elles contestables? Le droit de préférence, conséquence du droit réel ou absolu, est de *l'essence* de l'hypothèque; l'hypothèque n'est qu'une *sûreté*, et c'est la *préférence* qu'elle donne qui fait la sûreté (art. 2093-2094); car, si on ne devait pas avoir cette sûreté qui consiste dans la préférence, on s'en rapporterait au droit commun, qui fait marcher de pair tous les créanciers (art. 2093). Mais le droit de suite n'est pas de l'essence de l'hypothèque : il constitue sans doute une de ses conditions d'efficacité (art. 2114, n° 3); mais le créancier peut n'avoir pas intérêt à en user. Le débiteur aliène l'immeuble hypothéqué et délègue le prix aux créanciers hypothécaires, et ce prix est suffisant pour les désintéresser tous; le droit de suite reste sans objet. L'acquéreur devance les poursuites des créanciers, et, pour purger spontanément les hypothèques, notifie un contrat d'aliénation où le prix soit stipulé, soit déclaré, est le prix sérieux de l'immeuble : pourquoi voulez-vous que les créanciers ne l'acceptent pas, et exercent leur droit de suite au moyen de la surenchère? Le droit de suite n'est donc qu'un avantage *éventuel-facultatif* pour le créancier. Il n'est qu'une sauvegarde de l'hypothèque, comme l'hypothèque elle-même n'est qu'une sauvegarde accessoire de l'obligation principale. Ce droit de suite dont l'hypothèque est armée ne peut pas exister sans droit de préférence, puisque sans droit de préférence il n'y a point d'hypothèque (2094); mais la proposition inverse n'est pas exacte, leprincipal pouvant très bien exister sans l'accessoire ; et le créancier, d'après ce que l'on vient de dire, peut ne pas avoir intérêt à l'exercer, comme un homme qui peut n'avoir pas d'intérêt à faire usage d'une arme dont il est muni.

D'après M. le conseiller rapporteur, la perte du droit de suite entraîne la perte du droit de préférence, car celui-ci est la conséquence et le complément de l'autre. Mais ces propositions sont un renversement manifeste des rapports qui existent entre l'hypothèque et le droit de suite. Il n'y a rien de certain en droit, il faut nier les principes les plus constants, ou bien ces propositions sont une contre-vérité flagrante. M. le conseiller rapporteur ne nie pas sans doute l'existence du droit d'hypothèque dans le droit romain avant le préteur Servius (1) ; il ne nie pas non plus l'existence d'un droit d'hypothèque sur

(1) *Vide supra*, page 18.

les meubles dans plusieurs provinces de la France (1),
et dans notre droit, l'existence d'un privilége sur les
meubles (art. 2100 à 2102). Mais, comment comprendre toute cette partie de l'histoire du droit, s'il
est vrai que sans droit *de suite* il n'y ait point droit
de préférence (art 1095-2119) ? La séparation entre
le droit de suite et le droit de préférence n'est donc
pas fondée sur des considérations *ingénieuses*, comme le dit M. le conseiller rapporteur ; elle est fondée
sur les raisons prises dans la nature des choses, sur
les textes, sur l'histoire du droit qui nous a montré
cette séparation toujours admise, moins fortement
marquée sans doute dans le droit romain, mais devenue plus nette dans notre ancien droit, évidente
et palpable dans le droit moderne avec le principe de
la publicité des hypothèques et le système de purge
qui y a été adapté.

On n'est pas moins étonné de voir ces théories consacrées par les motifs de l'arrêt de la Cour de cassation où on lit : *Que la femme qui a perdu son droit de
suite sur l'immeuble ne peut revendiquer son droit de
préférence sur le prix, puisque le prix n'est que la
représentation de l'immeuble affranchi de l'hypothèque, et que le droit de collocation n'est que la continuation et la conséquence du droit de suite.* Mais si
ces motifs sont vrais à l'encontre de la femme et du

_____

(1) *Vide supra*, page 28.

mineur, ils le seront également à l'égard des autres créanciers? Dans le cas du purgement ordinaire, n'est-il pas certain que l'immeuble est affranchi de l'hypothèque, et cependant les créanciers ne sont-ils pas colloqués ensuite selon *l'ordre* de leurs hypo-thèques sur le prix, bien qu'il soit la représentation de l'immeuble affranchi ? L'expropriation forcée a purgé aussi les hypothèques inscrites, personne ne le nie ; il faudra donc dire également avec la Cour de cassation que ces créanciers *ayant perdu le droit de suite sur l'immeuble exproprié ne pourront revendiquer le droit de préférence sur le prix de l'adjudication,* puisque le prix de cette adjudication *n'est que la représentation de l'immeuble affranchi de l'hypothèque.*

Si le droit de *collocation n'est que la continuation et la conséquence du droit de suite,* il faut donc en conclure l'illégalité de l'ordre ou de la distribution par ordre d'hypothèque après la purge sur aliénation volontaire, comme après l'expropriation (c'est-à-dire dans tous les cas); car l'une et l'autre ont incontestablement détruit le droit de suite ; c'est-à-dire qu'il faut nier purement et simplement l'existence du système hypothécaire.

La vérité est donc que, dans tous les cas où il y a lieu de procéder à un ordre, le droit de collocation survit au droit de suite, la procédure d'ordre n'ayant lieu qu'à la suite de procédures qui ont nécessairement tempéré le droit de suite, et qu'il faut admettre dans notre droit les doctrines de tous nos anciens auteurs, qui, comme on l'a vu, enseignaient que, par l'effet de la purge ou de la saisie réelle, *l'hypothèque passait de la chose sur le prix*, et que *le prix était pour les créanciers représentatif de l'héritage*, en d'autres termes que le créancier conserve *sur le prix l'hypothèque qu'il avait sur l'immeuble lui-même* (1). Si ces idées étaient fausses, le système hypothécaire aurait immédiatement cessé d'exister, et il n'y aurait plus qu'à rayer les art. 2186, C. N., 749 et 750, Cod. proc., c'est-à-dire qu'à supprimer tout le système de l'ORDRE, pour ne procéder désormais qu'à des distributions par contribution.

L. Concluons donc, sur le premier motif admis par la Cour de cassation, que le n° 3 de l'art. 2180, C. N., combiné avec l'art. 2186 du même code, et avec les art. 749 et 750 du C. de pr., n'entend parler que d'une extinction *sui generis* du droit de suite dans le sens qui a été déjà précisé, en laissant subsister le droit d'hypothèque ou de préférence sur le prix; que les cours impériales qui interprètent ainsi cet article en font l'interprétation la plus saine, puisqu'elle est conforme: 1° à l'effet naturel de la purge; 2° aux traditions de l'ancien droit; 3° à l'esprit qui a présidé aux ori-

____

(1) *Vide supra*, page 63.

gines bien connues, c'est-à-dire à la rédaction primitive du n° 3 de l'art. 2180, qui ne s'est pas sans doute altéré en transbordant du contre-projet présenté par le tribunal de cassation dans le projet de M. Treilhard, et que, par suite, tout en reprochant mal à propos aux cours impériales, qui l'entendent ainsi, de le violer, la Cour de cassation en a fait elle-même la plus fausse application, et méconnu le sens *restrictif* que le tribunal de cassation, qui en a la paternité, lui a *explicitement* donné.

LI. Je passe au second motif de l'arrêt du 13 février 1852, d'après lequel la Cour de cassation trouve la déchéance du droit de préférence de la femme et du mineur dans l'art. 2195 § 1er, du Code Napoléon,

CHAPITRE II.

LII. Ce second motif repose tout entier sur une idée mère ou principale, c'est-à-dire la déchéance absolue du droit d'hypothèque, déchéance portant sur le droit de priorité comme sur le droit de suite, qui serait consacrée par le § 1er de l'art. 2195 du Code Napoléon.

Je nie formellement l'exactitude de cette proposition fondamentale. Oui, il y a déchéance par rapport au droit de suite, mais elle n'existe pas en ce qui concerne le droit de préférence. Une déchéance est une peine. Appliquée à un droit d'hypothèque destinée à assurer le rang et par le rang la conservation ou le paiement effectif de la créance, elle constitue une véritable diminution ou privation de patrimoine, ou mieux encore une véritable expropriation. Il faut donc que cette privation soit formulée en des termes nets et bien précis, afin que les intéressés soient avertis des suites de leur négligence.

Il est de règle élémentaire que les déchéances sont de droit étroit, que le juge ne peut pas les suppléer par des interprétations conjecturales. Aussi le législateur les a-t-il constamment formulées dans les termes les plus clairs et les plus simples, n'exigeant le secours d'aucune interprétation, intelligibles pour les esprits les plus vulgaires, semblables en quelque sorte aux dispositions d'un code pénal. Les auteurs du Code Napoléon, éminemment sympathiques au droit de propriété ou éminemment conservateurs (1), avaient eux-mêmes suivi ce procédé en plusieurs occasions au moment où ils élaboraient le titre des priviléges et hypothèques. Ils avaient prononcé des déchéances dans l'art. 451, § 2, sous le titre de la Tutelle ; dans l'art. 1057, sous le titre des Donations et Testaments ; dans l'art. 1622, sous le titre de la Vente. Je veux bien que le mot *déchéance* qu'on lit dans ces textes ne soit pas sacramentel ; mais il faut du moins des formules bien nettes pour être con-

(1) Voir l'exposé des motifs du titre ii du liv. ii du Code, par M. Portalis.

sidérées comme équipollentes. On peut en donner pour exemple celle de l'art. 299, sous le titre du Mariage, et de l'art. 1442, § 2, sous le titre du Contrat de mariage. On peut citer encore le Code de procédure qui a admis le même procédé législatif, comme on le voit, notamment, dans les art. 414 et 988, § 3.

L'art. 759 du même Code est encore plus significatif, d'autant qu'il se rattache directement au débat actuel et mérite par cela même de fixer toute notre attention. Il dispose en effet que « le juge-commissaire en faisant la clôture d'un ordre liquidera les frais de radiation et de poursuite, et *prononcera la déchéance* des créanciers non produisants. » Ainsi il ne suffit pas que le créancier inscrit ait négligé de produire dans le mois de la sommation qui lui a été faite ; il conserve encore la faculté d'intervenir dans l'ordre jusqu'au moment où la déchéance a été prononcée contre lui par le juge-commissaire.

LIII. Ce n'est pas tout et malgré la déchéance prononcée par le juge pour défaut de production, le créancier hypothécaire jouit, sur les fonds non absorbés par les différentes collocations, de son droit de préférence vis-à-vis des créanciers hypothécaires postérieurs forclos comme lui et des créanciers chirographaires qui n'auraient pas produit dans l'ordre. La doctrine et la jurisprudence des cours impériales et de la Cour de cassation elle-même sont positives sur ce point (1). La raison en est que l'hypothèque, participant à la nature des droits réels (2114, § 1er), est vivace comme ces droits, et qu'il ne faut rien moins pour la détruire que les dispositions les plus formelles (2).

L'hypothèque légale de la femme, du mineur, de l'interdit est par une *double* faveur, non seulement dispensée de la nécessité d'une stipulation, mais en outre de la formalité d'inscription (art. 2116, 2117, 2121, 2135). Elle existe indépendamment de toute inscription (2135) expression énergique qui lui imprime toute la plénitude des ses effets juridiques. On ne peut donc priver les créanciers munis de cette hypothèque du bénéfice qu'elle leur confère que par des textes consacrant la déchéance, ou en vertu d'une ordonnance du juge-commissaire qui la prononce; suppléer ces déchéances, c'est commettre un excès de pouvoir.

(1) *Vid.* Zachariæ, tom. ii, pag. 231-232, et les arrêts de la Cour de cassation cités à l'appui.

(2) La Cour de cassation a consacré ce point de doctrine de la manière la plus formelle en cassant un arrêt de la cour d'appel de Toulouse qui avait prononcé la déchéance d'un droit d'hypothèque dans une espèce régie par la loi de brumaire an vii et sans que la loi eût prononcé cette déchéance. La Cour de cassation a jugé qu'en suppléant une déchéance non écrite dans la loi, la cour de Toulouse *avait commis un excès de pouvoir* (Merlin, *Répertoire*, v° Hypothèque, section ii, § 2, art. 18, n° 3).

Dans l'ancien droit la déchéance était, comme on l'a vu, formellement prononcée par les art. 17 et 19 de l'édit de 1771 ; lorsqu'il n'y avait pas eu d'opposition, le juge n'avait pas à la prononcer dans l'ordre, car il était de règle constante qu'on n'admettait à cet ordre que les créanciers opposants ; que toutes les bases essentielles et définitives de l'ordre, en ce qui concerne la conservation du rang, étaient subordonnées aux oppositions, l'ordre n'ayant plus qu'à déclarer et régler la sincérité ou la quotité des créances pour lesquelles l'opposition avait été formée en temps utile (1).

Sous le droit nouveau, quand le système des oppositions est tombé, et que la publicité a remplacé la clandestinité, le juge chargé de procéder à la confection de l'ordre a dû prononcer cette déchéance. Ainsi on voit qu'elle avait été décrétée par les art. 167 et 169 du code hypothécaire du 9 messidor an III. La loi du 11 brumaire an VII avait procédé de la même manière dans ses art. 32 et 35, analysés et combinés. Le Code de procédure n'a donc fait que confirmer la législation existante à l'époque de sa publication. Ainsi la déchéance qui, sous le système des hypothèques occultes, était attachée dans l'ancien droit au défaut d'opposition et se trouvait ainsi prononcée par le droit civil, est passée sous le système de la publicité dans le domaine de la procédure, et elle a dû être

(1) Voir Pothier, *Procédure civile, de l'ordre.*— D'Héricourt et Denisart, *ibid.*

prononcée par le juge-commissaire. Celle-ci repose au surplus sur la plupart des motifs qui, dans l'ancien droit, avaient fait attacher la déchéance au défaut d'opposition.

LIV. Ce mouvement important qui semble être passé inaperçu, date, comme on l'a vu, du code hypothécaire du 9 messidor de l'an III. On ne peut donc chercher utilement dans le Code Napoléon aucune déchéance à l'encontre du mineur, de l'interdit et de la femme mariée, au sujet de la préférence que leur assure l'hypothèque légale ; ce n'est pas là qu'elle doit se trouver ; on ne peut leur opposer que celle qui résulterait de l'application, le cas échéant, de l'art. 759 du Code de procédure. Ils seront déchus pour avoir laissé prononcer la clôture de l'ordre sans y intervenir d'office, mais ils ne le seront pas pour n'avoir pas requis l'inscription dans le délai légal (1).

(1) Jusqu'ici les partisans du système que je soutiens n'ont fait que se défendre sur le terrain du Code de procédure. Je suis pleinement convaincu qu'ils ont le droit d'y attaquer leurs adversaires, armés de l'art. 759 et forts de cette partie de l'histoire du droit que je viens d'exposer. Mon explication rend un compte raisonnable de tout ce qui s'est fait à la suite des changements qui se sont opérés dans la législation. L'art. 8 de l'édit de 1771, relatif au mode de la purge est passé dans le chap. ix du titre des priviléges et hypothèques du Code Nap., et les art. 17 et 19 du même édit, sur la déchéance sont allés se résumer dans l'art. 59 du Code de procédure

Mais la Cour de cassation trouve la formule de cette déchéance dans le § 1er de l'art. 2195. Cet article dit sans doute que les créanciers avec hypothèque légale dispensée d'inscription perdent leur droit d'hypothèque ; qu'ils sont déchus ou privés du rang qui leur était assuré ? Pas le moins du monde. Cet article se borne à déclarer que, « s'il n'y a pas eu inscription « dans les deux mois du chef des femmes, mineurs et « interdits, les immeubles *passent à l'acquéreur*, sans « aucune charge, à raison des dot, reprises et con- « ventions matrimoniales de la femme ou de la ges- « tion du tuteur et sauf le recours s'il y a lieu contre « le mari et le tuteur. »

Est-ce donc là une formule de déchéance ? Qu'on la confronte avec les formules de ce genre contenues dans les articles du Code qui ont été déjà cités, et on sera frappé de la différence. — Pourquoi donc le législateur n'a-t-il pas employé ici les formules habituelles dont le coin était déjà frappé par lui, et dont il a su faire emploi toutes les fois qu'il a voulu consacrer l'anéantissement d'un droit ? Aurait-il voulu tendre un piége aux incapables qu'il s'agissait de protéger ?

LV. Pour quiconque lit ce texte sans prévention, il ne signifie et ne peut signifier qu'une chose, c'est que l'immeuble est libéré de l'hypothèque à l'égard de l'acquéreur. Avant la purge, on l'a déjà dit, il était passé à l'acquéreur grevé de toutes les dettes hypothé-

caires (art. 2166 à2109), car il est de la nature de l'hypothèque d'accompagner l'immeuble dans toutes ses
migrations (art. 2114, § 3). Par l'effet de la purge, la
dette hypothécaire se trouve, comme on l'a dit aussi,
réduite et limitée au prix stipulé ou déclaré ; pour employer le langage de l'ancien droit, l'acquéreur a
pourvu *à la sûreté de son achat* (1) ; il a rendu *sa propriété incommutable* (2), à condition de payer le prix
ou de consigner. En un mot il a obtenu de la loi (non
plus du prince) *des lettres de ratification* (3) ; ou
bien encore, pour me servir des expressions de
M. Treilhard, *la valeur de l'immeuble demeure irrévocablement fixée* (4) ; ou bien enfin l'hypothèque
est *purgée* (2193-2194).

Mais, d'après ce qui précède, que conclure de cela
pour la déchéance du droit de préférence?

Si cette interprétation n'est pas exacte, pourquoi
donc *l'acquéreur* a-t-il été seul mentionné? Pourquoi
n'a-t-on pas dit purement et simplement qu'il y a déchéance absolue de l'hypothèque? Mais il fallait mettre
en rapport le § 1er de l'art. 2195 avec l'art. 2193 qui
présente la purge comme une faculté pour les acquéreurs... (*pourront les acquéreurs...*), et avec les

(1) Edit perpétuel de 1611. *Vid. supra*, page 39.
(2) Edit du mois de juin 1771. *Vid. sup.*, page 49.
(3) *Vid.* ci-dessus la formule de ces lettres, note de la page 52.
(4) *Exposé des motifs*, Fenet, xv, p. 472.

— 131 —

autres textes. Il fallait le mettre en rapport surtout avec l'art. 2114, § 3, avec les art. 2166 et 2182, § 2. Le § 1er de l'art. 2195, en disant que l'*immeuble passe* à l'acquéreur sans aucune charge, établit une concordance presque grammaticale avec les textes qui le précèdent, et ne dit pas, au fond, autre chose que l'art. 2186 déjà étudié (1).

Les mots : sans aucune *charge*, corroborent au besoin cette interprétation, et prouvent que la rédaction du même paragraphe ne concerne que l'acquéreur ; car l'hypothèque ne peut être une *charge* que pour lui taxativement et n'offre pas sans doute ce caractère au point de vue du créancier dont elle sauvegarde les droits. Non-seulement le premier paragraphe de l'article 2195, mais encore les deux autres paragraphes de ce texte et le chapitre ix tout entier sont faits dans l'intérêt de l'*acquéreur*, exclusivement, comme l'édit de 1771 auquel ce chapitre a été emprunté, comme les décrets volontaires que l'édit avait remplacés.

(1) La liaison des trois articles composant le chapitre ix (*junge* la rubrique de ce chapitre et l'avis du conseil d'Etat du 5-8 mai 1812) prouve clairement que le § 1er de l'art 2195 ne veut dire qu'une chose, c'est que l'hypothèque légale est purgée Pourront les acquéreurs *purger* (art 2193); *à cet effet*, ils déposeront... etc. (art. 2194); donc il n'est question dans tous ces textes que de *purge;* donc l'art. 2186 conserve toute l'autorité de son principe, donc..... etc.

Ce n'est pas tout ; nous savons que M. le conseiller d'État Treilhard a rédigé le titre des priviléges et hypothèques. Il a incontestablement emprunté l'art. 105 du projet primitif devenu le § 1ᵉʳ de l'art. 2195 à l'édit de 1771. La comparaison que l'on peut faire entre l'art. 8 (1) de l'édit et l'art. 2195, § 1ᵉʳ, le démontre invinciblement ; et nous avons d'ailleurs le témoignage positif de M. Treilhard qui, dans son exposé des motifs, déclare que l'emprunt du système de la purge des hypothèques légales dispensées d'inscription a été fait à l'édit.

« Il faut bien qu'il y ait possibilité de purger ces « hypothèques comme les autres. *L'édit de 1771 en* « *donnait le moyen.* Le projet qui vous est soumis se- « rait incomplet, s'il ne présentait pas à cet égard « quelques dispositions » (2). Le rédacteur du projet avait donc sous les yeux, au moment où il l'élaborait, les dispositions de l'édit qui avaient fait constamment l'élément principal de la discussion. Comment donc se fait-il si, dans sa pensée, les incapables étaient frappés de déchéance, si telle avait été dans sa conviction la pensée du conseil d'État, comment se fait-il, dis-je, qu'il n'ait point reproduit dans l'art. 2195, § 1ᵉʳ, les dispositions de l'art. 17 de l'édit sur la *déchéance,* comme il a reproduit dans l'art. 2194

(1) *Vid. supra*, page 49.
(2) Fenet, xv, pag. 322, 323.

l'art. 8 de cet édit sur le *mode de la purge ?* Il le devait d'autant plus que l'art. 2195 est plus radical que l'édit ; car celui-ci, on l'a dit, par une exception établie en son art. 32, conservait au moins à la femme mariée, malgré son défaut d'opposition, son droit d'hypothèque pour son douaire non ouvert, tandis que cette exception n'existe plus dans l'art. 2195 qui atteint ou enveloppe le douaire éventuel par les mots de *conventions matrimoniales.* Comment donc, n'a-t-il pas dit, par exemple, avec l'art. 17 de l'édit : « La « femme mariée, les mineurs et les interdits ou tous « ceux qui sont chargés d'administrer leurs biens, « seront tenus de prendre inscription dans le délai « de deux mois, *sous peine de déchéance de leur droit* « *d'hypothèque.* » Rien de plus aisé que cette rédaction. M. Treilhard, s'il eût voulu se l'assimiler, l'aurait d'autant plus insérée dans le projet, qu'il trouvait les dispositions de cet édit sur la déchéance fort de son goût. On a vu, en effet, qu'il avait constamment repoussé dans la discussion la dispense d'inscription en faveur des incapables, et qu'il avait soutenu jusqu'au bout le système radical de la loi de brumaire an VII. Il disait tantôt que si la publicité était utile, il *n'y fallait rien soustraire* (1).... tantôt que, « quelque sacrés que fussent les intérêts de la « femme mariée et des mineurs, ils ne devaient pas

(1) Fenet, xv, 297.

« absorber tous les autres intérêts (1)…. Qu'il y avait
« avantage à soumettre l'hypothèque légale à la pu-
« blicité (2)…. Que l'expérience n'avait pas justifié
« toutes les craintes qui étaient exprimées sur la né -
« cessité de dispenser les hypothèques légales de la
« formalité de l'inscription » (3).

Imbu de ces idées, il devait donc être très naturellement porté à rédiger le projet dans le sens qui
s'en rapprochait le plus. — Il y a même cela de
remarquable, que, restant toujours placé à son point
de vue du niveau commun à appliquer aux personnes
incapables, il déclara dans la discussion que l'art. 17
du tit. vii de la commission du gouvernement, repro-
duisant les dispositions de l'art. 17 de l'édit sur la
déchéance de tous les créanciers, était fort raisonnable. Le procès-verbal de la séance du 12 pluviôse
an xii constate ce qui suit : M. Treilhard répond à
M. Bigot Préamencu : « Il dit qu'il est moins embar-
« rassé de répondre à ce qu'on vient de dire sur le
« danger auquel le système de la loi du 11 brumaire
« expose les mineurs de perdre leurs hypothèques
« faute d'inscription, lorsqu'il jette les yeux sur le
« projet du Code Napoléon, et qu'il y lit les deux ar-
« ticles suivants :

(1) Fenet, xv , 308.
(2) Id., id. , 318.
(3) Id., id. , 522.

Art. 17. « Toutes personnes, même les mineurs, les interdits, les femmes en puissance de mari et sans qu'elles aient besoin d'autorisation, les absents, les agents ou préposés du gouvernement et les administrateurs des communes et de tous les établissements publics, sont tenus, sous peine de déchéance, de former opposition entre les mains des conservateurs des hypothèques, à l'effet de conserver leurs priviléges et hypothèques, sauf le recours, ainsi que de droit, contre ceux qui, étant chargés de l'administration des biens, auraient négligé de former opposition. »

Art. 18. « L'opposition des mineurs sur les immeubles de leur tuteur doit être faite par le subrogé-tuteur, à peine contre ce dernier d'être responsable du préjudice qui résulterait du défaut d'opposition. »

« Ces articles n'entraînent-ils pas tous les inconvé-
« nients qu'on reproche au nouveau système hypo-
« thécaire ?

« Leurs auteurs paraissent les désavouer aujour-
« d'hui; *mais ces dispositions sont infiniment sa-*
« *ges* » (1).

Mais si M. Treilhard jugeait les dispositions du projet de la commission INFINIMENT SAGES, pourquoi, encore un coup, ne les a-t-il pas introduites dans sa rédaction ?

Notez que la rédaction que proposa ce conseiller

(1) Fenet, xv, pag. 277 et 278.

d'État fut très prompte et faite comme d'urgence, puisqu'il la présenta au conseil *quatre jours* après la clôture de la discussion (1). C'est que plus le Code touchait à sa fin, plus on était pressé d'en finir. D'ailleurs, l'Empire était fait dans l'esprit public, et le Code devait être achevé avant la proclamation du nouvel ordre de choses.

Dans ces circonstances, les rédactions toutes prêtes, les emprunts, pour ne pas dire les plagiats, devaient convenir à M. Treilhard, et il usa largement de ce procédé, si l'on compare sa rédaction à celle du contre-projet présenté par le tribunal de cassation. Ayant ainsi sous la main des textes qui traduisaient ses idées par rapport à la déchéance, il est peu aisé d'expliquer, dans l'hypothèse que nous combattons, le motif qui l'a engagé à élaborer ou plutôt à risquer une rédaction différente.

LVI. Il est encore des précisions qui vont rendre cette argumentation plus pressante.

D'après le système que je réfute, le défaut d'inscription dans les deux mois doit produire les mêmes effets que le défaut d'opposition aux lettres de ratification sous l'édit. Mais comment se fait-il que M. Treilhard, pour qui l'édit est si familier, qui tout à l'heure en faisait passer avec le projet de la commission du gou-

(1) *Vid. supra*, page 98.

vernement le texte sous les yeux de M. Bigot Préameneu, non-seulement n'ait pas formulé la déchéance,
mais ne se soit pas même servi dans le projet du mot
d'opposition ?

Ce mot a constamment surnagé pendant toute la
discussion (1). Il portait avec lui l'idée de déchéance
en matière hypothécaire, en ce sens que dans tout
l'ancien droit le défaut d'opposition a entraîné la perte
de l'hypothèque. C'était donc un *mot-principe*, qu'on
me permette cette expression. Pourquoi donc encore
une fois M. Treilhard ne l'a-t-il pas employé? Il
avait bien su s'en servir dans le sens de la déchéance,
quand il avait rédigé, pour le *titre des successions*, le
§ 1er de l'art. 809 C. N. (2 .Quelle raison pouvait-il
donc avoir pour ne pas employer dans le même sens la
même locution, quand il s'agissait précisément de la
matière hypothécaire à laquelle il appartenait?

LVII. Continuons :

Dans sa première rédaction, l'art. 105 du projet
ne contenait pas la disposition finale qu'on lit dans
l'art. 2195 : *et sauf recours, s'il y a lieu, contre les
maris et tuteurs.* Cette addition ne fut faite, on l'a
dit, qu'après la communication officieuse au Tribu-

---

(1) Fenet, xv, passim.
(2) On sait que M. Treilhard a été aussi chargé de la rédaction
de ce titre.

nat et figure pour la première fois dans la rédaction définitive du projet communiqué au conseil d'Etat dans la séance du 22 ventôse an xii (1).

Quand on se place au point de vue de la déchéance, ce fait, qu'on n'a jusqu'ici jamais relevé, devient inexplicable ; car s'il y a déchéance absolue pour la femme, et par le mineur comme sous l'art. 17 de l'édit, cet article formulant le recours, on ne comprend pas comment M. Treilhard l'avait omis dans son projet. Supposez que sa rédaction ne présente, pour ce qui est de la déchéance absolue, qu'une différence dans les termes et qu'une simple substitution de la formalité de l'inscription à celle de l'ancienne opposition, qu'il ait voulu au fond maintenir les mêmes conséquences, pourquoi donc aura-t-il scindé le système de l'édit ? Pourquoi, l'adoptant sur le fond, ne l'aura-t-il pas adopté également pour le recours ? Ces deux parties du système n'étaient-elles pas étroitement, intimement liées entre elles ?

Cette omission s'explique très aisément quand on reste dans le vrai. Le conseiller d'Etat chargé de formuler l'opinion du conseil ne pouvait pas maintenir le système de la déchéance absolue, car elle avait été manifestement proscrite. Il présenta dans ce but une rédaction nouvelle. Le fond étant changé, c'est-à-dire la déchéance absolue étant supprimée pour faire place

(3) Fenet, xv, 445. *Vide supra*, pag. 99 et 101.

à une déchéance purement relative au droit de suite, la première impression du rédacteur dut être qu'il fallait supprimer aussi le recours, car le système se présentait avec quelques apparences d'indivisibilité.

Plus tard, que se passa-t-il? Les observations provoquées par la section de législation du Tribunat, qui proposa à la suite de la communication officieuse un amendement à l'art. 103 du projet, ramena l'attention du rédacteur sur le chapitre IX. Une lecture plus attentive des dispositions de ce chapitre lui fit comprendre que le recours devait encore se combiner avec la déchéance partielle, le défaut d'inscription limité à cette déchéance pouvant devenir essentiellement dommageable pour les personnes incapables, puisque l'acquéreur peut désormais se libérer valablement au préjudice de ces incapables. La réserve de ce recours, suite de la responsabilité encourue par le mari ou le tuteur qui n'ont pas requis inscription (art. 2136, 2194, § 1ᵉʳ), et qui n'implique pas la déchéance absolue, comme on l'a dit mal à propos, fut alors rétablie. C'est la seule manière de justifier la réparation de cette omission que l'on n'expliquera jamais d'une manière plausible en admettant que M. Treilhard ait voulu s'assimiler la déchéance absolue décrétée par l'édit.

Les auteurs du projet de 1791 et plus tard la commission du gouvernement, on l'a vu, proposaient la restauration de la déchéance, faute d'opposition. Que firent-ils? Ils reproduisirent dans leur projet d'une manière à peu près littérale les dispositions des art. 17 et 19 de l'art. 1771, parce qu'ils comprenaient bien que la déchéance avait besoin d'être formulée *in terminis*, que sans cela les juges, d'après toutes les habitudes reçues, se refuseraient à la suppléer.

Voyez les auteurs de l'édit eux-mêmes ! ils ne créèrent pas, comme on l'a vu (1), le système des lettres de ratification, ils ne firent qu'appliquer à la purge des immeubles réels et fictifs le procédé législatif que les édits du mois de février 1683 et du mois de mars 1673 avaient établi pour la purge des rentes constituées par le roi, comme ces deux édits n'avaient fait eux-mêmes que s'assimiler les dispositions anté-purge des hypothèques grevant les offices.

Le principe de la déchéance ayant été consacré par l'édit le plus ancien, tous ceux qui se sont inspirés de lui ont reproduit les mêmes formules concernant la *déchéance* des hypothèques. C'est qu'en législation, quand le fond des idées ne change pas, les formules se maintiennent; car le droit est essentiellement traditionnel. M. Treilhard, ancien avocat au parlement de Paris, jurisconsulte des plus exercés, et qui a concouru si largement à l'élaboration du Code, s'il avait voulu formuler la déchéance, aurait donc infailliblement procédé comme les auteurs des édits de

(1) *Vide supra*, pages 54 et suivantes.

Louis XIV, de mars 1673 et février 1683, comme les auteurs de l'édit de Louis XV, du mois de juin 1771, enfin comme les auteurs du projet de 1791 et comme la commission du gouvernement. Que s'il n'a pas agi de la même manière, c'est qu'il n'entendait pas consacrer le principe de la déchéance absolue.

La déchéance absolue ! Y songe-t-on bien, en vérité ? Le rédacteur du projet l'aurait proposée à la sanction du conseil d'État, quand, dans le sein de cette assemblée édifiée par une discussion des plus graves et des plus solennelles, personne ne s'était constitué son défenseur ? Quand tous les tribunaux d'appel, héritant des sentiments qu'elle avait inspirés aux parlements, l'avaient combattue de la manière la plus énergique (1), si bien qu'un d'entre eux, celui de Bruxelles, n'avait pas craint de la qualifier *de spoliation !* Quand l'organe de l'opinion qui voulait le retour au système de l'édit de 1771 et le proposait dans le projet du gouvernement, M. Bigot de Préameneu, cédant à la répulsion qu'elle avait rencontrée, avait déclaré hautement qu'il la désavouait, *que les auteurs du projet en reconnaissaient les inconvénients !* Proscrite ainsi comme droit commun, elle n'aurait donc été acceptée précisément qu'à l'égard de la femme mariée et des autres incapables ; c'est-à-dire des

(1) *Vide supra,* pages 79 et suivantes.

personnes que leur état, selon les expressions du premierConsul, rend *incapables de se protéger elles-mêmes ?*

Si M. Treilhard avait méconnu à ce point les intentions manifestes du conseil d'Etat, sa rédaction aurait provoqué, sur la première communication qu'il en fit, les réclamations les plus vives et les plus légitimes. Elle aurait surtout été l'objet des protestations les plus énergiques de la part des membres qui s'étaient montrés les plus favorables à la conservation du patrimoine des personnes incapables, de M. Portalis, du consul Cambacérès et principalement du premier Consul. — Qui croira que celui-ci, dont l'insistance avait été si pressante, et avec l'organisation qu'on lui connaît, aurait accueilli silencieusement des textes prenant le contrepied des idées qu'il venait, il y avait à peine trois jours, de faire triompher ?

LVIII. Concluons donc que M. Treilhard n'a pas voulu consacrer la déchéance absolue ; qu'il ne l'a pas voulu parce qu'il ne le pouvait pas sans renverser les résolutions du conseil dont il était l'interprète officiel, sans se mettre à l'état d'antagonisme flagrant, je devrais dire de rébellion ouverte contre elles, et sans trahir aussi la confiance dont le premier Consul l'avait investi en le choisissant pour rédiger le projet.

LVIII. Le conseil d'Etat lui-même n'avait aucune raison sérieuse pour admettre le principe de la déchéance, et ici la philosophie du droit va s'harmoniser intimement avec l'histoire. On connaît les motifs qui, sous les différents systèmes de purge qui se sont succédé dans l'ancienne jurisprudence, avaient fait accepter cette règle, que le défaut d'opposition entraînerait la perte du droit de suite. Ces motifs, on l'a vu sont des considérations d'intérêt public. On avait voulu tarir cette source de contestations qu'auraient fait éclore les recours exercés par des créanciers négligents contre des créanciers vigilants qui auraient reçu déjà leur paiement. D'Héricourt l'a expliqué ainsi; et le préambule de la déclaration du roi du 17 juin 1703 vient à l'appui de ce raisonnement ; car il y est dit que la déchéance va être de plus fort consacrée parce qu'il était nécessaire de prendre de nouvelles précautions *pour éviter les procès auxquels les demandes en rapport auraient donné lieu.* — On avait voulu encore, sous le système des décrets volontaires, comme sous celui des lettres de ratification, punir les créanciers non opposants du préjudice qu'ils avaient pu causer à d'autres créanciers qui, trompés par cette négligence sur la véritable situation du débiteur commun, avaient omis de faire des sur-enchères (1). Ce sont là les raisons fondamen-

(1) *Vid. supra*, pages 33 et suivantes.

tales de la déchéance. Il est impossible d'en donner
d'autres ; j'ai déjà fait remarquer que la théorie romaine de la renonciation présumée n'aurait pu légi-
timer une déchéance au préjudice de personnes qui
n'auraient pu renoncer expressément. Mais la véritable
cause de la rigueur de l'ancien droit étant ainsi bien
connue, le même effet ne pouvait pas se maintenir
sous le Code, par ce motif que personne ne prétend
que, à défaut d'inscription dans les deux mois, la femme
puisse opérer aucune demande en rapport contre les
autres créanciers qui auraient déjà reçu effectivement
le prix. D'un autre côté, nous constaterons bientôt
que les créanciers hypothécaires n'ont éprouvé aucun
dommage, par suite de la non-inscription dans les
deux mois. Ils ont traité avec le mari et le tuteur à
leurs périls et risques et n'ont pu compter sur le défaut d'inscription des hypothèques légales, à la suite
d'aliénation et de purge ; ils ont traité en acceptant la
priorité du rang garantie à la femme et au mineur
par l'art. 2135. Ils ont à se reprocher de n'avoir pas
exigé la restriction préalable des hypothèques légales
dispensées d'inscription.

Enfin ils ne peuvent pas, comme sous le système
de l'édit, prétendre que le défaut d'inscription dans
les deux mois des hypothèques légales, qui en
sont dispensées, les a empêchés de surenchérir,
et que la déchéance doit être la réparation du dommage que leur cause l'absence de surenchère. On leur

répondrait avec raison : 1° que l'on ne conçoit pas qu'avec un système où la femme et le mineur sont dispensés d'inscription, on admit des conséquences quise produisaient sous un système où les incapables étaient régis par le droit commun, et où les hypothèques, toujours occultes, devaient se révéler, sous peine de déchéance, par l'opposition; 2° que le délai accordé à la femme et au mineur pour s'inscrire étant plus long que celui qui est accordé aux créanciers ordinaires pour surenchérir (art. 2185, 2194), ils n'ont pu savoir, au moment de l'expiration du délai de quarante jours qui leur est accordé pour leur surenchère, si la femme ou le mineur prendraient ou non inscription dans les soixante jours, c'est-à-dire dans les vingt jours utiles qui restent encore à la femme et au mineur.

Ils n'ont donc pas de griefs, et par suite la déchéance que l'on fait subir à la femme et au mineur est sans cause. Ces créanciers ont intérêt à la déchéance, a dit M. le conseiller rapporteur. Mais qu'est-ce à dire, *qu'ils y ont intérêt?* — Veut-on dire que par la déchéance absolue de la femme et du mineur leur position est améliorée? Cela n'est pas douteux. Mais là n'est pas la question, et il s'agit uniquement de savoir si leur intérêt se trouve d'accord avec la justice.

La philosophie du droit est donc complétement d'accord avec l'histoire comme avec les travaux préparatoires du Code, et nous pouvons affirmer que l'on fait subir aux incapables une déchéance gratuite et arbitraire.

Qu'on nous cite donc, si on le peut, dans tout le corps du droit ancien ou moderne un autre exemple de déchéance, c'est-à-dire d'une expropriation, d'une peine décrétée sans motif, par une sorte de caprice tout-à-fait indigne d'un législateur?

LIX. Cette série de raisonnements va puiser un nouveau degré d'autorité dans l'examen qui va suivre des vrais caractères de l'inscription dont parle l'article 2195, en la comparant à *l'opposition* sous le système de l'édit.

Pour bien saisir le but de cette inscription, il faut se livrer à quelques précisions importantes sur *la vraie cause de la purge* des hypothèques légales dispensées d'inscription, précisions que l'on semble n'avoir pas faites jusqu'ici.

A s'en tenir à la lettre du § 1er de l'art. 2195, ce serait le défaut d'inscription dans les deux mois de l'exposition du contrat qui purgerait les hypothèques légales dont il s'agit. Mais quand on descend au fond des choses, on reconnaît aisément que cette première impression est erronée. En effet, la femme mariée, le mineur et l'interdit ont incontestablement le droit accordé par l'art. 2185, à tout créancier inscrit, de faire une surenchère, c'est-à-dire de requérir la mise aux enchères publiques. Ce droit n'a été nié par personne, et il a été exercé jusqu'ici sans rencontrer la plus légère opposition ; seulement, la loi n'ayant pas fixé de délai particulier dans lequel cette réquisition de mise aux enchères devra être notifiée à l'acquéreur, on est demeuré d'accord que la réquisition devait être notifiée dans le délai de l'art. 2194. Eh bien ! si la femme, le mineur et l'interdit requièrent la mise aux enchères, il faudra nécessairement suivre les formalités prescrites pour la revente de l'immeuble, et les hypothèques légales ne seront sans contredit purgées que par cette revente. Je n'examine pas ici si le droit de réquisition de mise aux enchères est subordonné à une inscription préalablement prise par les créanciers dont il s'agit : quelle que soit la solution que l'on donne à cette question (1), il n'importe ; car je ne veux établir qu'une chose, à savoir que l'adjudication qui suivra la revente provoquée par la réquisition de mise aux enchères purgera seule en réalité les hypothèques légales dispensées d'inscription.

Passons maintenant à l'hypothèse contraire. Dans le délai de deux mois il n'y a pas eu de réquisition

(1) J'estime avec M. Zachariæ (note 17 de la pag. 239 du tome II) que la femme mariée et les autres incapables n'ont pas besoin de prendre une inscription, en vertu de l'art. 2135, qui rend inapplicable pour eux l'art. 2185. L'opinion contraire n'est à mon avis qu'une négation arbitraire et gratuite du principe absolu posé en l'art. 2135.

de mise aux enchères: les hypothèques légales seront purgées, l'acquéreur ne devra plus hypothécairement que le prix stipulé au contrat ou par lui déclaré. Il sera définitivement libéré en payant ou en consignant. L'art. 2186 le dit pour la purge des hypothèques ordinaires, et il n'y a pas de raison pour qu'il en soit autrement pour la purge des hypothèques légales dispensées d'inscription. C'est donc, qu'on le remarque attentivement, la non-réquisition de mise aux enchères qui produit nécessairement la purge (2186, Cod. Nap., et 835, Cod. proc. civ.), ou plutôt la purge est la conséquence directe du défaut de surenchère valable (1).

Maintenant, je le demande, quelle influence peut exercer l'existence ou l'absence d'une inscription dans les deux mois? L'inscription a-t-elle été requise, elle ne saurait empêcher l'effet qui s'est produit par la non-réquisition de mise aux enchères dans le délai fatal ; c'est-à-dire elle n'empêche pas que les hypoques légales soient purgées, car il y a purge à l'égard du créancier hypothécaire qui a perdu le droit de surenchérir (art. 2186). Le seul effet que puisse donc juridiquement produire l'inscription, c'est de faire obstacle à ce que l'acquéreur se libère du prix défini-

____

(1) Cette précision faite par M. Zachariæ, en matière de droit commun, reçoit évidemment son application à la purge des hypothèques légales dispensées d'inscription, (tom ii, pag. 244, n° 3, du § 294.)

tivement fixé à celui qui est stipulé dans le contrat ou déclaré par le nouveau propriétaire, sans que la femme mariée et le mineur, qui se sont inscrits et dont l'inscription vient du reste en rang utile, aient été appelés (art. 2195, § 3). Cette conséquence se déduira encore plus nettement des considérations à l'aide desquelles nous prouverons bientôt que l'inscription dont il s'agit n'est pas destinée à produire les effets des inscriptions ordinaires.

La combinaison des trois paragraphes du même article tend incontestablement au même résultat, car il se résume, en dernière analyse, à déterminer les effets de l'inscription comme ceux du défaut d'inscription dans le cours des deux mois, en les restreignant, pour le second cas, à la libération du nouveau propriétaire qui a payé à d'autres créanciers qu'à la femme et au mineur, et, pour le premier cas, à la précaution qu'il doit prendre de retenir le prix en ses mains (1), si l'inscription vient en rang utile.

(1) Ainsi toujours l'intérêt ou le droit de l'acquéreur ou du nouveau propriétaire, mais rien que le droit ou l'intérêt de l'acquéreur ou du nouveau propriétaire dans les textes ,du chapitre ix tout entier. — Les origines de ce chapitre qui n'est qu'un complément ou un appendice du chap. viii, l'économie de la section 4 du chap. iii dans laquelle sont réglés *les droits des créanciers* ENTRE EUX et la discussion du conseil d'Etat à la séance du 12 ventôse, an xii (Fenet, xv, pages 393 et suivantes), démon-

Mais autre chose est la faculté pour le débiteur de se libérer ou de poursuivre l'ordre sans appeler les incapables, et autre chose, la déchéance, qui prive ceux-ci d'intervenir spontanément dans l'ordre pour prendre part, selon leur rang, à un prix non distribué (1). De tout cela, il suit que l'inscription n'est en vérité qu'une main-mise *sui generis*, une sorte de véto sur le prix; car son existence n'influe en rien sur l'accomplissement de la purge, subordonnée tout entière, comme nous venons de le voir, à la non-réquisition de la mise aux enchères dans le délai de la loi; de même que dans l'ancien droit la purge dérivait de l'absence des surenchères et *non de l'absence d'opposition*. On doit adopter cette interprétation ou nier le droit de surenchère en faveur de la femme mariée, du mineur ou de l'interdit. La lettre de la loi est donc incomplète; car il

trent jusqu'à la dernière évidence que ce chap. IX est tout-à-fait étranger aux créanciers dans leurs rapports entre eux, et ne touche en rien au droit de préférence.

(1) Il est incontestable que certains créanciers ont droit d'intervenir dans l'ordre sans que le poursuivant soit obligé de les y appeler, par exemple, tous les privilégiés dispensés d'inscription (C. Nap., 2101, 2107 ; art. 755, C. proc.).— L'art. 32 de la loi du 11 brumaire an VII, contenant un nouveau système d'expropriation forcée, offrait des dispositions semblables. Il en est encore ainsi dans le cas de l'art. 2198, Code Nap. La femme et le mineur se présenteront dans l'ordre en vertu de l'art. 2135, comme les créanciers privilégiés, en vertu de l'art. 2107 (*Junge*, art. 17 de la loi du 3 mai 1841).

faut ajouter à ces mots du § 1er de l'art. 2195 : Si dans le cours de deux mois... etc., ceux-ci : *et s'il n'a pas été fait dans le même délai de réquisition valable de mise aux enchères.* Cette insuffisance de rédaction s'explique par la circonstance que le droit de surenchère dont jouissent les personnes incapables n'a pas été organisé, et que l'on a adapté à un système général de publicité un procédé de purge pour les hypothèques spéciales fait pour un système d'hypothèques occultes.

Ces précisions dont on peut maintenant apprécier la portée vont jeter de nouvelles lumières, je crois, sur le véritable caractère de l'inscription dont parle l'art. 2195, § 1er. Elle ne ressemble pas et ne peut pas ressembler à l'inscription des hypothèques ordinaires. Celles-ci, même lorsqu'elles sont requises après l'aliénation de l'immeuble, dans le délai accordé par l'art. 834, C. proc., sont destinées à donner la vie aux hypothèques, à leur imprimer toute leur efficacité aux regards des tiers, à qui elles révèlent pour la première fois la situation du débiteur et pour qui elles sont ainsi un avertissement nécessaire. Il en est tout autrement des hypothèques légales dispensées d'inscription d'après l'art. 2135. Leur rang est assuré par la force même de la loi. L'inscription dont parle l'art. 2195 doit donc avoir un effet tout différent de celui des inscriptions ordinaires. Elle ne peut pas avoir été exigée pour avertir des créanciers qui ont été déjà suffisamment avertis par la *notoriété* du mariage et de la tutelle (1). Elle n'a rien à leur apprendre qu'ils ne soient censés connaître : car l'hypothèque légale *existe* ou est acquise déjà à leur égard, indépendamment de toute inscription; elle existe si bien qu'il faut la purger (2193).

(1) Cette notoriété est la raison principale de l'art. 2135, exposée par M. Portalis, dans la séance du 19 pluviôse an XII. — Fenet, XV, 304, 305. Dans son *Exposé des motifs*, M. Treilhard s'explique ainsi sur l'art. 2135 : « Si nous avons proposé une exception pour l'hypothèque des femmes et des mineurs ou interdits, c'est par un motif d'une autre nature et qui leur est particulier : la perte de leur hypothèque pour le défaut d'inscription les punirait d'une faute qui leur est étrangère : il a donc fallu en rejeter toutes les suites sur les maris et les tuteurs, ou même sur les tiers qui ont traité avec eux, parce que les premiers ont à se reprocher de la prévarication, ou du moins de la négligence, et les derniers, au moins, de l'imprudence, pendant que les femmes et les pupilles sont bien évidemment exempts de tout reproche. » — Un peu auparavant il disait sur l'art. 2121 : « Le créancier a dû s'instruire de l'état de celui avec lequel il traitait : *il a dû savoir qu'il était marié ou tuteur*, etc. (Fenet, XV, p. 455 et 466). Mais puisqu'il est vrai, comme le disait M. Treilhard, qui s'exécutait ici d'assez bonne grâce, en exprimant des idées qui étaient celles du conseil d'État, et non les siennes, puisqu'il est vrai, dis-je, que les créanciers qui sont *censés avoir connu la condition de mari ou de tuteur* sont coupables d'imprudence pour n'avoir pas exigé la restriction préalable des hypothèques légales, pourquoi seraient-ils relevés de cette imprudence consommée, parce que la femme ou le mineur ne sont pas inscrits à l'occasion de la purge ? Quelle influence le mouvement naturel de la propriété foncière peut-il raisonnablement exercer sur le rang des créanciers ?

LX. Ainsi, en résumé : 1° l'inscription dont parle l'art. 2195 n'a pas pour objet d'*avertir* les autres créanciers et de faire acquérir à la femme ou au mineur un rang qui leur est déjà irrévocablement acquis par l'art. 2135.

2° Elle n'a pas d'ailleurs pour effet d'empêcher, plus que les inscriptions ordinaires, la purge des hypothèques ; donc elle ne peut avoir pour objet unique que d'apporter un obstacle à la libération du débiteur, en l'absence du mineur ou de la femme mariée (2195, § 3).

LXI. Ceci m'amène naturellement à rapprocher l'inscription qui nous occupe de l'opposition qui fonctionnait sous le régime de l'édit.

Les partisans du système de la Cour de cassation peuvent-ils dire avec fondement : l'inscription dont parle la loi nouvelle n'est sous des noms différents que l'opposition de l'ancien droit ? L'absence d'inscription doit donc produire les effets que produisait l'absence d'opposition. Ma réponse est qu'il n'existe pas une assimilation entière entre ces deux choses.

Comme j'attache de l'importance à l'origine des institutions, je constate d'abord que l'*inscription* selon le Code ne procède pas de l'ancienne opposition. L'inscription des hypothèques n'a été, en quelque sorte, qu'une imitation empruntée pour la première fois par le Code hypothécaire du 9 messidor an III, aux usages suivis, dans quelques pays de saisine et de nantissement (1). Il n'y a donc pas communauté d'origine.

Au fond la différence est notable.

L'opposition, sous le système des décrets volontaires et des lettres de ratification, était un acte complexe, acte conservatoire sans doute, mais exerçant une influence si décisive, que les simples chirographaires opposants prenaient rang dans l'ordre avant les hypothécaires ou privilégiés non opposants. Ce dernier caractère n'est pas sans doute commun à l'inscription de nos jours. Elle produit donc des effets moins étendus que ceux de l'opposition ; il est donc logique que l'absence d'inscription ne produise pas au détriment du créancier les effets que produisait pour lui l'absence d'opposition (2). Au surplus que m'importent les analogies qui existeraient entre l'ancienne opposition et l'inscription actuelle ? Si la déchéance était admise autrefois, c'est parce que les édits la prononçaient

(1) Observations des tribunaux d'appel de Bruxelles (Fenet, III, 297). Voir d'Héricourt, *De la saisine et des nantissements*, chap. *de la vente* des immeubles.

(2) M. Troplong a mis ce point de vue en saillie; il a considéré avec raison l'ancienne opposition comme un acte d'*exécution sur le prix* (*Des priviléges et hypothèques*, no 984. Comment, sur l'art. 2195.) L'ancienne opposition était si bien classée au-dessus d'une saisie-arrêt qu'on la *convertissait* judiciairement en saisie-arrêt pour éviter les droits de consignation (Pothier, *de la procédure civile*, chap. IV, § 2).

clairement, formellement. Elle ne doit pas être admise aujourd'hui parce que la loi ne la prononce pas ; et la loi ne la prononce pas parce qu'elle n'a pas pour la prononcer les mêmes motifs qu'avait pour cela l'ancien droit.

LXII. Sous le système de l'édit la femme, le mineur et l'interdit étaient régis par le droit commun, en ce qui concernait la nécessité de manifester par l'opposition leurs hypothèques sous peine de déchéance. On comprend dès lors que sous ce régime la femme mariée encourût la déchéance comme les autres créanciers. Mais dans notre droit, au contraire, les personnes incapables jouissent d'une faveur exceptionnelle. Il n'est donc pas raisonnablement possible que la même inaction produise les mêmes effets que par le passé. S'il en est autrement, à quoi donc se réduira la faveur dont le droit nouveau a en réalité doté les personnes dont il s'agit ?

Mais j'entends les partisans du système opposé me dire : Sous l'édit de 1771 le contrat d'acquisition n'était pas notifié à la femme ; il n'était pas non plus notifié à un magistrat chargé de faire opposition dans l'intérêt de celle-ci. Le Code a donc créé des garanties nouvelles, et dès lors il n'est pas surprenant que grâce à ces garanties la déchéance ait été encourue, quand, malgré toute la sollicitude du législateur, il n'y a pas eu inscription.

Je ne conteste pas l'amélioration apportée sous ce rapport au système des lettres de ratification. Mais l'objection est, à mon avis, loin d'être grave, parce que cette institution de garanties nouvelles (plus nominales que réelles, la pratique de tous les jours ne le prouve que trop) n'a été accordée *que dans les rapports des incapables avec l'acquéreur* et non dans les rapports des incapables avec les autres créanciers, rapports réglés exclusivement par l'art. 2135 et nullement par les art. 2193, 2194 et 2195, qui leur sont tout-à-fait étrangers. — L'*Exposé des motifs*, par M. Treilhard, que nous citerons bientôt, le prouvera victorieusement.

En empruntant à l'édit de 1771 le chef de ses dispositions relatif à la purge, c'est-à-dire l'art. 8, on pouvait, on devait même songer à l'améliorer, en introduisant des garanties qu'il n'admettait pas; mais le chef de ses dispositions sur la perte du droit de préférence, c'est-à-dire les art. 17 et 19, on ne pouvait pas songer à l'améliorer, puisqu'on dispensait la femme mariée et le mineur de la nécessité de révéler leurs hypothèques; formalité à l'omission de laquelle l'édit attachait la déchéance. En d'autres termes, on devait songer à perfectionner un mode de purge que l'on adoptait, tandis qu'il eût été absurde de chercher à perfectionner un système de déchéance qu'on abrogeait en pleine connaissance de cause.

LXIII. Plus on avance dans l'examen approfondi des divers éléments de ce débat et plus on acquiert cette conviction que, si le droit de suite a péri par non réquisition de mise aux enchères et non par le défaut d'inscription, il a péri seul et que le droit de préférence a survécu. — La purge ayant ét é dirigée contre le droit de suite et non contre le rang des créanciers(1), ayant ainsi tempéré les effets de l'action hypothécaire accordée aux créanciers par les articles 2166, 2167, 2168, 2169, Code Napoléon, mais n'ayant pas réagi sur le classement des créanciers entre eux, n'a porté aucune atteinte au droit de préférence établi par l'art. 2135 du même Code. Aussi quand on suit analytiquement toutes les parties de la discussion au conseil d'État, on y cherche vainement la plus légère trace indiquant la déchéance du droit de préférence par suite du défaut d'inscription.

Reprenons, en effet, pour un instant, les diverses questions qui ont été agitées dans le sein du conseil, et nous arriverons infailliblement à reconnaître l'exactitude de cette proposition. La question la plus large, ou si l'on veut la question de principe, celle que j'ai classée naturellement la première, consistait

(1) Voir d'Héricourt, *De la saisine et du nantissement*, et les observations du tribunal d'appel de Bruxelles (Fenet, tom. ii, pag. 127, rapport de Crassous au conseil des Cinq-Cents, *Dict. loc*).

à savoir si l'on adopterait le régime des hypothèques occultes ou celui de la publicité des hypothèques. Celle-là n'a certes pas engagé et ne pouvait pas engager la difficulté actuelle. La seconde question consistait à savoir si le système de la publicité, celui de brumaire an vii, étant maintenu, il y avait lieu ou non de dispenser de l'inscription les personnes incapables. La solution affirmative a consacré en leur faveur la protection dont elles jouissent en établissant sans inscription et le droit de préférence et le droit de suite. La difficulté actuelle n'a donc pu se trouver engagée que dans la troisième question qui consistait à créer un procédé juridique, une combinaison propre à *concilier* les intérêts des prêteurs et des acquéreurs avec les intérêts des créanciers auxquels on accordait l'hypothèque légale dispensée d'inscription.

LXIV. Pour s'établir avec sûreté sur le terrain ainsi circonscrit, il faut distinguer avec soin les intérêts des créanciers et ceux des acquéreurs. Au regard des premiers qui n'ont rien à faire du bénéfice ou du remède de la purge et à qui il importe seulement d'avoir un rang assuré, d'asseoir avec confiance leur droit d'hypothèque sur un gage où ils ne rencontreraient pas une hypothèque légale, l'effroi des capitalistes par ses causes indéterminées, le premier Consul indiqua un moyen, c'est celui de la *restriction* des hypothèques légales. Au regard des acquéreurs, qui, eux au contraire, n'ont aucun rang à prétendre, tandis qu'il leur importe seulement d'affranchir leurs immeubles des hypothèques, il proposa le moyen de la *purge* en indiquant qu'elle devrait être accompagnée de publicité. Le premier moyen, celui de la restriction, a été organisé par les art. 2140 et suivants ; le second, celui de la purge, par les art. 2193 et suivants.

Or, la différence profonde, saisissante, qui sépare la *restriction* et la *purge* des hypothèques légales contribue merveilleusement à mettre en lumière la théorie que j'expose. Quand l'hypothèque légale est *restreinte*, elle est entièrement effacée des immeubles dégagés, car elle va se concentrer tout entière sur les immeubles qui restent grevés. La lettre de l'art. 2140 que je viens de citer est parfaitement d'accord (1) avec l'esprit de la loi qui a eu pour objet de concilier la sûreté des créanciers ayant hypothèque légale avec le crédit qu'il est juste de conserver aux maris et aux tuteurs. Il faut que ceux-ci, pour trouver à emprunter, offrent des immeubles dégagés précisément *du droit de préférence* garanti aux mineurs et aux femmes mariées. Si au lieu d'emprunter ils veulent vendre, le futur acquéreur traitera sans doute avec plus de facilité en achetant un immeuble déjà affranchi; mais ce n'est pas pour lui principalement que la *restriction* a été établie;

______

(1) Les immeubles qui ne seront pas indiqués par l'inscription *resteront* LIBRES ET AFFRANCHIS *de l'hypothèque.* — Qu'elle différence entre cette rédaction et celle du § 1er de l'art. 2193?

elle l'a été *principalement* pour les prêteurs, comme la *purge* l'a été *exclusivement* pour les acquéreurs. Il est donc logique que la restriction produise des effets beaucoup plus étendus que la purge. Le législateur a si bien compris cette différence, qu'il a établi pour la validité de la *restriction* des formalités offrant aux incapables des garanties beaucoup plus amples que celles dont il les a environnées relativement à la purge. S'agit-il, en effet, de la restriction de l'hypothèque légale de la femme ? Si elle est consentie dans le contrat de mariage, la loi exige le consentement de la femme qui ne peut le donner valablement que lorsqu'elle est majeure et qui est protégée dans ce cas par la solennité toute particulière qu'offre un contrat passé avec l'assistance de la famille (2140). S'agit-il de la restriction opérée pendant le mariage (art. 2144)? la restriction doit être encore consentie par la femme, et on exige en outre l'avis de quatre de ses plus proches parents réunis en assemblée de famille, et un jugement d'homologation rendu par le tribunal contradictoirement avec le procureur impérial, et celui-ci entendu (art. 2144 et 2145). Pour ce qui est du mineur et de l'interdit, ils sont protégés soit par l'avis du conseil de famille soit par l'autorité d'une sentence (2141) rendue dans les conditions spéciales de la loi (2143 2145). Comparez à ces garanties celles qui ont été établies à l'occasion de la purge, et le résultat de la comparaison ne saurait être douteux. C'est que la purge qui produit des effets moins meurtriers que la restriction, n'a jamais porté et ne peut jamais porter que sur le droit de suite. Qu'est-ce que la purge de l'hypothèque, en effet?

On l'a vu, elle est un *bénéfice* (1) ou un *remède* (2) introduit par l'ancienne jurisprudence en faveur du tiers acquéreur qui veut *pourvoir à la sûreté de son achat*, et devenir propriétaire incommutable, tous les textes cités plus haut l'ont démontré (3). Or, comment deviendra-t-il propriétaire incommutable? en tempérant l'action hypothécaire qui pèse sur l'immeuble. Son intérêt est là, et il ne peut être ailleurs. Le rang des créanciers ne l'intéresse nullement; car il lui importe peu de payer à l'un plutôt qu'à l'autre. Ce qui lui importe, c'est de ne payer valablement que jusqu'à concurrence du prix fixé par le contrat, ou au moins, si les créanciers ne l'agréent pas, de le faire fixer définitivement par les surenchères que pourront provoquer ces créanciers. C'est surtout de sortir à tout prix de cet état d'incertitude dans lequel le place sa qualité de tiers détenteur d'immeubles hypothéqués, *et d'acheter ainsi son repos*, comme le disait le consul Cambacérès. Et c'est parce que l'acquéreur est sans intérêt dans la question de préférence, que l'an-

(1) Zachariæ, *Droit civil*, § 693.
(2) Stockmans : *Decisiones brabantinæ* (*Vid. supra*, page 42.)
(3) *Vid.* pag. 43 et suivantes.

cien droit autorisait les oppositions afin de conserver les hypothèques jusqu'au décret levé et scellé , tandis que les oppositions qui l'intéressaient, comme les oppositions à fin de distraire ou à fin de charge, n'étaient recevables que jusqu'à l'adjudication (1).

Le classement ou l'ordre des créanciers et la purge constituent dans le mécanisme du système hypothécaire deux ordres d'idées et d'intérêts essentiellement, profondément distincts, deux parties d'un même système tout-à-fait indépendantes l'une de l'autre et comme deux rouages d'une même machine qui fonctionnent collatéralement, mais ne se heurtent jamais. Voilà pourquoi dans tous les Codes hypothécaires ces deux objets se trouvent réglés non-seulement dans des textes séparés, *mais dans des sections ou des subdivisions différentes.* Consultez le code hypothécaire de messidor an III, la loi de brumaire an VII, le Code Napoléon, consultez si vous le voulez encore la plupart des codes hypothécaires des autres peuples de l'Europe qui admettent la purge, et vous rencontrerez partout la même économie (2).

J'étais donc autorisé à dire que la troisième ques-

(1) Tous les auteurs sont d'accord sur ce point (*vid.* notamment Pothier, *Introduction au tit.* XXI *de la coutume d'Orléans et le tit.* XX *de la coutume de Paris*, art. 354.

(2) Voir la *Concordance sur les divers codes hypothécaires de l'Europe*, par M. de Saint-Joseph.

tion discutée au conseil d'État, celle qui consistait à *concilier les intérêts de l'acquéreur avec ceux des créanciers* à hypothèque légale, n'avait pas pu engager la question de préférence et aussi il n'en a pas été dit un seul mot dans la discussion concernant les modes de purgement. On n'y trouve pas une seule trace indiquant que le débat ait été jamais placé à ce point de vue. La seule question intéressant les créanciers était celle qui portait sur le rang ; elle a été tranchée par le principe de l'art. 2135. On n'y est pas revenu au sujet de la purge spéciale des hypothèques légales dispensées d'inscription. Là, c'était la question du *crédit foncier* ; ici c'était la question *intéressant le commerce de la propriété territoriale elle-même*. Pourquoi donc s'obstine-t-on aujourd'hui à confondre des intérêts et des situations qui ont été constamment distingués dans la discussion, comme ils le sont nécessairement par la nature même des choses ?

L'exposé des motifs par M. Treilhard confirme au besoin cette vérité. Faisant connaître les formalités du purgement des hypothèques spéciales, il dit : « Un double intérêt a dû nous occuper : l'intérêt de l'acquéreur et celui des hypothécaires » (ce sont les créanciers à hypothèque légale dispensée d'inscription). Il expose le système du projet et termine en ces termes : « C'est par ces moyens bien simples, mais très efficaces que nous *avons su concilier les intérêts oppo-*

sés *de toutes les parties*» (1). M. Treilhard circonscrit donc tous les intérêts de la purge entre *deux parties opposées* : les créanciers avec hypothèque légale dispensée d'inscription et l'acquéreur. Les autres créanciers, les créanciers hypothécaires ordinaires ne sont donc point *parties* dans la purge; et puisqu'ils n'y sont point parties, elle ne peut leur bénéficier.

Concluons donc que le droit de suite est le seul compromis par la purge. Il est vrai que dans le même fragment M. Treilhard dit que, s'il n'y a pas eu inscription dans les deux mois, il est *impossible de supposer l'existence d'une hypothèque sur le bien vendu, et qu'il est constant qu'on n'a eu la volonté ni le droit d'en prendre ;* mais ces formules ne doivent s'entendre que *secundum subjectam materiam*, c'est-à-dire par rapport à l'acquéreur. Entendues dans un sens absolu, elles prouveraient trop ; car il s'ensuivrait que la femme et le mineur ne resteraient même pas créanciers chirographaires, ce qui est certainement inadmissible.

Si le droit de suite, attaché aux hypothèques légales, a été engagé, c'est parce qu'il était impossible d'établir la purge sans tempérer le droit de suite, et que d'un autre côté, les graves motifs d'économie politique et sociale qui rendent le remède de la purge nécessaire, ne permettaient pas de ne pas l'établir pour

(1) Fenet, xv, pag. 472 et 473.

les hypothèques légales dispensées d'inscription, comme pour les hypothèques ordinaires, surtout à une époque où il importait tant de raffermir un sol encore tremblant sous les secousses profondes qu'il venait de subir. Il y avait donc nécessité indispensable de fournir un moyen à l'acquéreur d'arriver à l'extinction du droit de suite. Mais créer par la purge, et surtout créer *sans motif*, un moyen d'arriver à l'extinction du droit de préférence, cela était diamétralement opposé aux vues du conseil d'Etat, qui, s'associant à la pensée de Napoléon, plaçait ce droit de préférence sous la sauvegarde d'un droit exceptionnel.

LXV. Je suppose (on me permettra cette hypothèse que je ne propose que pour mieux faire saisir ma pensée), je suppose, dis-je, qu'il eût été possible de créer un système de purge d'hypothèque légale qui n'eût pas nécessairement abouti à l'extinction du droit de suite, et je demande si le conseil d'Etat, avec ses sympathies bien connues pour la conservation des créances munies de ces hypothèques, ne l'aurait pas accueilli avec empressement ? Il l'eût certainement adopté. Mais si la chose ne se pouvait pas, du moins on sera obligé de reconnaître que le conseil d'Etat, avare des droits des incapables, n'a voulu commettre ou livrer à la purge que ce qu'il était rigoureusement impossible de ne pas lui livrer, et qu'il a entendu retenir, mettre à l'abri de tout naufrage, conserver au profit des mêmes personnes toute l'énergie, toute l'efficacité de l'hypothèque qui ne tombait pas dans l'engrainage des formalités de la purge, qui n'y tombait évidemment pas, sous l'empire de la loi de brumaire alors en vigueur (art. 32) (1), et qui, dans l'histoire du droit de la purge, n'y était jamais tombée. En d'autres termes le conseil d'État a sacrifié à la nécessité de la purge le droit de suite, mais il a certainement retenu ou conservé intact le droit de préférence. S'il l'a fait pour des créanciers ordinaires (2186), comment ne l'aurait-il pas fait pour les incapables ? — Un des vices les plus saillants du système que je combats est de faire produire à la purge des hypothèques légales des effets tout particuliers, et cela en sens diamétralement contraire à l'esprit flagrant de la loi.

Cette solution acquiert un degré d'évidence qui me semblerait devoir frapper tous les yeux, quand on rappelle les lignes qui terminent le procès-verbal

(1) Cet article, qui est de la plus haute importance dans le débat, est ainsi conçu :

« Faute de la déclaration et soumission dans ledit délai, *la valeur de l'immeuble demeure fixée définitivement au prix stipulé dans le contrat d'acquisition*, et l'acquéreur sera en conséquence libéré de toutes charges et hypothèques, en payant ledit prix aux créanciers *qui seront en* ORDRE *de le recevoir.* »

Voilà ce qu'on entendait par purge de l'hypothèque au moment de l'élaboration du Code.

de la deuxième séance du conseil d'Etat dans laquelle la discussion fut close. « Le conseil adopte en principe, y est-il dit, que la sûreté de la femme et du mineur doit être préférée à celle de l'acquéreur et du prêteur. »

Ceci n'est point le résultat d'observations individuelles de quelques membres de l'assemblée, mais bien la pensée ou la décision du conseil d'Etat, qui adhérait ainsi aux observations géminées présentées par le premier Consul (1). Cette décision est donc l'esprit, et comme le verbe de la loi tout entière, esprit d'autant moins douteux que, contrairement aux habitudes des travaux préparatoires, le projet a été rédigé à la suite, ou plutôt le surlendemain d'une délibération du conseil tout entier.

Si un système de purge avait donc été établi, qui eût constitué un conflit entre la sûreté des droits de l'acquéreur et la sûreté de la femme ou du mineur, et qu'à la suite de ce conflit la sûreté de l'un ou de l'autre eût dû périr, c'était la sûreté de l'acquéreur qui devait être sacrifiée. Or, il arrive heureusement que le mode de purge établi *concilie* l'une et l'autre sûreté, et pourtant on décide que c'est la sûreté de la femme qui a péri, qu'elle a péri sans aucun motif plausible! Mais j'ai le droit de dire qu'un tel système est manifestement, ouvertement en sens inverse de la pensée

(1) *Vide supra*, pages 05, 96 et suiv.

du conseil d'Etat. Qu'on n'oublie pas qu'il s'agit de *sûretés* à maintenir; et où est la sûreté de la femme et du mineur, si ce n'est dans la conservation du droit de préférence?

LXVI. C'est le cas de remarquer ici, en terminant, que la conservation du droit de préférence, en faveur des incapables du chef desquels une inscription n'a pas été requise, est le plus souvent, non pas utile, mais indispensable à ces incapables, à l'effet de préserver leur patrimoine d'une ruine totale ou partielle.

L'inscription peut ne pas avoir été requise par une de ces mille circonstances que révèle la pratique de la vie civile. L'ignorance du droit et des affaires, des illusions sur la situation réelle du mari ou du tuteur, d'un autre côté, un changement de position qui s'est brusquement opéré entre l'accomplissement des formalités de la purge et la procédure d'ordre, un changement d'état qui a dégagé les incapables des liens qui empêchaient ou comprimaient leur liberté d'action, tout cela explique suffisamment l'immense intérêt de la question, intérêt d'ailleurs révélé par les nombreux procès qui se sont produits sur ce point.

C'est assurément une chose grave que la perte du droit de suite par le défaut de surenchère ; c'est encore chose fort grave que d'autoriser l'acquéreur à se libérer au préjudice des incapables non inscrits. Mais l'exclusion de l'ordre est mille fois plus grave encore, car elle est presque toujours ruineuse.

. J'allais clore cette partie de la discussion, lorsque mon attention s'étant de nouveau portée sur le rapport de M. le conseiller Faustin-Hélie, je me suis aperçu que j'avais laissé sans réponse quelques observations de ce magistrat ainsi formulées : « Si l'on ad-« met, dit-il, une seconde action sur le prix, quel en « sera le terme? Pourquoi la femme serait-elle for-« close par l'ordre, lorsque la femme même n'a pas « dû y être appelée? »

Nous répondrons à ces questions qu'il en sera de la femme mariée et du mineur dans ce cas, comme des créanciers privilégiés dispensés de l'inscription (2101-2107), comme du créancier ordinaire dans le cas de l'art. 2198 du Code Nap.; que dès lors leurs droits, que je suppose d'ailleurs non éteints par la prescription, resteront entiers tant que le prix restera entre les mains de l'acquéreur. — Mais nous n'allons pas jusqu'à prétendre que la disposition de l'art. 759 du Code de proc. sur la déchéance ne s'appliquerait pas à la femme ou au mineur, les termes de cet article étant généraux, puisqu'ils s'appliquent à tous les créanciers *non produisants*, sans distinction ; d'ailleurs l'esprit est ici d'accord avec la lettre.

Quant à une dernière objection, encore présentée par M. le conseiller rapporteur, prise de ce *qu'on doit supposer ou l'abandon volontaire, du droit ou une né-*

gligence telle que la loi ne lui doit point de secours, je me bornerai à répondre que pour ce qui est de l'abandon présumé, il est contraire à tous les principes du droit ; car il est élémentaire (Pothier l'a dit à plusieurs reprises (1) que celui qui est incapable de renoncer expressément est aussi incapable de renoncer tacitement. Et pour ce qui est de la négligence, je dirai qu'on ne comprendrait pas logiquement qu'un législateur attachât une pénalité aussi grave à une négligence qui n'a été en définitive dommageable pour personne. N'est-ce pas, d'ailleurs, une conséquence déjà suffisamment grave que la faculté accordée au tiers détenteur de se libérer sans appeler les incapables? et peut-on dire que le défaut d'inscription reste dénué de toute sanction?

On n'en finirait pas si l'on voulait atteindre la doctrine de la Cour de cassation par tous ses côtés vulnérables.

Je ne puis pourtant m'empêcher de faire remarquer que cette doctrine a encore le tort grave de transformer arbitrairement le caractère des hypothèques légales dispensées d'inscription, dès qu'il y a accomplissement des formalités prescrites pour la purge.

L'inscription n'est pas exigée pour conserver l'efficacité de ces hypothèques, soit après la cessation de

____

(1) *Vide supra*, page 34, note 1, et surtout l'art. 2157 (C. N.), qui est décisif.

la tutelle, soit après la dissolution du mariage, ces événements n'altérant nullement son caractère (1).

Ces hypothèques résistent encore à des événements sous lesquels succombent les hypothèques ordinaires, tels que la faillite du débiteur ou l'acceptation de sa succession sous bénéfice d'inventaire (C. Nap., article 2146 ; Code de com., art. 448) (2).

Enfin, les mêmes hypothèques conservent tous leurs avantages, soit après l'aliénation de l'immeuble, soit même après le délai de quinzaine qui suit la transcription de l'acte d'aliénation ; l'art. 834 du Code de procédure n'étant pas fait pour elles.

Ce n'est donc *taxativement* que par l'accomplissement des formalités prescrites pour la purge que l'hypothèque de la femme mariée et du mineur perd soudainement son caractère, c'est-à-dire les faveurs dont elle jouissait, et dégénère en une hypothèque qui retombe entièrement sous le niveau du droit commun.

Je me trompe quand je dis qu'elle dégénère en une hypothèque ordinaire, car elle revêt plutôt le caractère d'une espèce de privilége soumis à l'inscription dans un délai fatal (analog. 2109-2111), puisque l'inscription remonte au jour du mariage ou de la tutelle

(1) Avis du conseil d'État des 5-8 mai 1812. — V. aussi M. Zachariæ, tom. ii, pag. 150, et les autorités par lui citées.

(2) M. Zachariæ, *Ibid.*, pag. 162 et 164.

(2194, 2195, § 3) (1). Mais ces résultats sont évidemment arbitraires. Quand le législateur a décrété des transformations de droits réels, il a eu le soin de le dire expressément, comme on le voit dans l'art. 2113 du Code.

Comment admettre que telle ait été la pensée du législateur, de faire dégénérer ainsi l'hypothèque légale des art. 2121 et 2135 en une sorte de privilége soumis à l'inscription, à l'égard des autres créanciers, alors précisément que la purge constitue une sorte de crise qui, mettant en jeu les intérêts des créanciers à hypothèque légale, rend nécessaire plus que jamais pour eux la protection dont le législateur a entendu les couvrir, les causes bien connues de cette protection devenant alors plus impérieuses ?

LXVII. En résumé, sur le second motif de la Cour de cassation, point de déchéance du droit de préférence dans la lettre du § 1er de l'art. 2105 ; point de déchéance dans son esprit si clairement révélé par les travaux préparatoires ; point de déchéance dans la philologie d'après laquelle le mot PURGE n'est qu'un remède établi dans l'intérêt de l'acheteur *exclusivement;* enfin, point de déchéance dans l'histoire du

(1) Il a été déjà expliqué que ces articles ne concernent que l'acheteur, intéressé à savoir si l'hypothèque légale inscrite a un rang utile (2105, 3°).

droit qui nous montre, et l'indépendance parfaite des intérêts des créanciers entre eux, et des intérêts de l'acquéreur, et constate le décri général dans lequel était tombé le système des lettres de ratification, qu'on restaure pourtant en réalité à l'égard des incapables, quand on l'a proscrit comme vicieux pour les personnes capables, et qu'on restaure, bien qu'il soit plus destructif à l'égard de la femme mariée, que celui dont il a pris la place (1); enfin, point de déchéance dans la philosophie du droit, puisque nous ne retrouvons, pour justifier la perte du droit de préférence, *aucune des raisons* qui l'avaient fait attacher au défaut d'opposition, soit sous le régime des décrets volontaires, soit sous le régime des lettres de ratification qui lui succéda.

Il suit de là que la Cour de cassation, qui trouve dans ce système une fausse interprétation ou explication des art. 2193 et suivants du Code Napoléon, mérite seule ce reproche, et de plus, viole l'art. 2135 du même Code, en tombant dans un excès de pouvoir, c'est-à-dire en créant une pénalité qui n'est pas dans la loi.

LXVIII. Je terminerai par quelques observations rapides.

La Cour de cassation, par un changement de jurisprudence auquel je ne saurais non plus donner mon adhésion, a décidé que l'hypothèque légale de la femme

____

(1) *Vid. supra*, page 132.

mariée et du mineur n'est pas purgée par l'expropriation forcée, et que l'adjudicataire est tenu, pour
purger ces hypothèques, de remplir les formalités
spéciales indiquées au chap. ix du titre des priviléges
et hypothèques (1).

Cette jurisprudence me paraît essentiellement erronée : 1° parce qu'elle est directement contraire à
tous les errements de la jurisprudence française qui,
dérogeant au droit romain, avait consacré le principe
absolu de la purge de toutes les hypothèques sans
distinction, par l'effet du décret forcé (2); 2° parce
que tous les textes du Code Napoléon (3), comme ceux
du Code de procédure (4), établissent invinciblement
que les formalités prescrites par le chap. ix n'ont été
établies que pour la purge sur aliénation volontaire,
et non pour la purge sur expropriation forcée.

Quoi qu'il en soit, en additionnant à cette erreur
celle que je viens de combattre spécialement, on est
arrivé au résultat étrange que voici : — Si l'hypothèque légale, dispensée d'inscription, était comme l'hypothèque ordinaire purgée par l'expropriation forcée,

(1) Voir, sur cette jurisprudence, M. Troplong, sur l'art. 2193.

(2) Loyseau, *De l'act. hypothécaire*; — Loysel, *Institutes coutumières*, n° 904; — Pothier, *Introduction au tit.* xxi *de la Coutume d'Orléans*, n°ˢ 112, 113. — D'Héricourt et Pigeau sont
aussi unanimes sur ce point. (*Vide supra*, note 2 de la page 52.)

(3) 2193 et suiv.

(4) 749-750-775. Voir la Dissertation de M. Troplong sur l'article 2193 déjà cité.

la femme mariée et le mineur seraient admis dans l'ordre, et auraient conservé intact leur droit de préférence (1). En exigeant une purge spéciale, et en jugeant que l'absence d'inscription dans le délai prescrit anéantit le droit de préférence, on aboutit à ce résultat, que toutes les garanties particulières, établies en faveur des incapables, tournent, en réalité, contre eux, et que la protection spéciale dont le législateur a entendu les couvrir, dégénère en un principe d'oppression et de ruine.

On comprendrait mieux ces déviations, s'il ne s'agissait que de rechercher l'esprit d'un texte isolé qui se prête toujours plus ou moins à des interprétations contraires; mais on les comprend moins quand il s'agit de *tout un système*, et c'est bien de cela qu'il s'agit ici.

Quand le titre des priviléges et hypothèques du Code Napoléon fut élaboré, la loi de brumaire an vii qui était alors en vigueur avait, par la condition de publicité imposée à tous les créanciers indistinctement, consommé la ruine d'un très grand nombre de familles : elle avait tout sacrifié aux instincts encore révolutionnaires de l'époque, qui établissaient une espèce d'indivisibilité entre le dogme de l'égalité politique et celui de l'égalité du droit civil, poussé dans ses conséquences les plus absolues, comme aux be-

(1) M. Zachariæ, et les autorités par lui citées, ii, page 181, note viii.

soins de restaurer à tout prix le crédit foncier que les malheurs des temps avaient ruiné. Les intérêts les plus chers de la famille avaient succombé devant ces instincts et ces besoins : l'esprit public s'en était vivement ému, et quoi qu'en ait dit M. Treilhard dans le cours de la discussion, M. Bigot de Préameneu avait pu attester, avec plus de vérité, que les réclamations contre la loi de brumaire, qui datait à peine de cinq années, étaient *unanimes* (1).

LXIX. De quoi s'agissait-il donc pour le conseil d'État, discutant le titre des priviléges et hypothèques, en nivôse et pluviôse de l'an xii? Il ne s'agissait de rien moins que de savoir si ce système exagéré serait maintenu. La lutte était nettement et clairement engagée entre ce que l'on appelait les exigences du crédit et au fond, sans qu'on osât trop l'avouer, certaines tendances politiques d'une part, et l'existence de la famille d'autre part; en d'autres termes, le débat était posé entre des intérêts d'un ordre matériel, quoique des plus élevés, soutenus par l'esprit survivant des idées révolutionnaires, et les intérêts d'un ordre moral, d'accord avec la réaction de l'esprit d'ordre et d'autorité qui allait toujours croissant. Ce sont ces derniers intérêts qui triomphèrent : ils triomphèrent à la

(1) Fenet, xv, pag. 252. — M. Bigot Préameneu, membre de la commission du gouvernement, avait un caractère officiel.

suite d'un débat, dans lequel toutes les opinions furent admises à se produire, débat dont les éléments avaient été consciencieusement élaborés ; ils triomphèrent surtout, grâce à la haute influence de l'homme de génie, qui s'était rencontré avec les idées de Colbert, et a pour toujours attaché son nom à cette mémorable discussion. Ajoutons que ce succès qu'obtint la famille se rattachait à tous ceux qu'elle avait déjà obtenus, dans le livre 1er du Code, par la restauration de la magistrature domestique ; dans le livre 3e, par l'extension de la quotité disponible dans une juste mesure. La décision du conseil d'État n'était donc pas une décision isolée : elle constituait le complément et comme le couronnement de l'œuvre de réparation à laquelle il s'était voué, c'est-à-dire de la restitution de la vie du foyer, et de l'expulsion de nos lois du principe révolutionnaire.

Je viens de parler du triomphe des intérêts de la famille. N'abusons pas pourtant de cette expression. En effet, si l'œuvre législative du Directoire avait été absolue comme celle de la Convention, l'œuvre législative du Consulat se montra modérée dans son retour à d'autres principes, elle fut généreuse et mesurée dans sa restauration de la famille : elle ne sacrifia, en réalité, ni le crédit, à qui elle donna des facilités par la *restriction*, ni la propriété, à qui elle donna des satisfactions par la *purge*. Le Code ne fut donc pas réactionnaire ; il se borna à être un conciliateur, mais conciliateur entre les incapables et les *acquéreurs,* car entre les incapables et les autres créanciers il renversait le système de brumaire.

M. Treilhard a lui-même reconnu et proclamé ce résultat en ces termes : « Le défaut d'inscription ne sera plus opposé à la femme mariée et au mineur; C'EST UN CHANGEMENT APPORTÉ A LA LOI DE BRUMAIRE; *mais ce changement est une amélioration, puisqu'il est sollicité par les règles d'une exacte justice* » (1).

La jurisprudence de la Cour de cassation se substituant à l'œuvre du Code a dit : « Oui, la loi de brumaire a été renversée, mais jusqu'à l'accomplissement des formalités de la purge exclusivement, car dès cet instant, cette loi ressaisit toute son autorité; l'hypothèque légale n'a plus d'efficacité qu'à la condition d'une inscription. » Et comme en définitive le gage n'est jamais réalisé qu'à la suite de la purge que provoque l'adjudicataire ou le nouveau propriétaire sur aliénation volontaire, il en résulte que la femme mariée et le mineur retombent en réalité sous les injustes rigueurs de la loi de la révolution. L'inscription une fois prise remontera sans doute aux époques déterminées par le Code Napoléon (2194-2195, § 3), tandis que, sous la loi de brumaire, elle ne remontait pas, ne prenant rang que du jour de sa date. — Mais la faveur

(1) Fenet : xv, 457 (Exposé des motifs). M. Treilhard exposait encore ici les idées du conseil d'État, et non les siennes.

dont le Code a voulu gratifier le mineur et la femme mariée ne consiste pas dans la rétroactivité de l'inscription, elle consiste *dans la dispense de l'accomplissement d'une formalité matérielle* (2135), parce que l'expérience avait prouvé que le plus souvent elle n'était pas accomplie. Ce qu'on reprochait à la loi de brumaire, ce n'était pas précisément de ne donner de rang à la femme mariée et au mineur qu'à dater de l'inscription, mais d'exiger une formalité de la part des créanciers qui, par mille raisons différentes, ne pouvaient moralement la remplir.

Le grand avantage, en vérité, qu'on accorde aux femmes mariées et aux mineurs en leur assurant un rang sans inscription, *mais à cette condition que le gage ne sera pas* RÉALISÉ *par la purge !* Comment ne voit-on pas que lorsque le gage est réalisé, le mari et le tuteur ont précisément plus d'intérêt que jamais à multiplier les obstacles à l'inscription, afin de pouvoir disposer, au préjudice de la femme ou du pupille, du prix de l'immeuble aliéné? Quelle est donc cette protection légale qui s'efface à l'instant où elle est le plus nécessaire?

Le premier Consul avait pourtant, à diverses reprises et surtout en clôturant la discussion, fait entendre des paroles très propres à prévenir cette interprétation quand il avait dit : « L'inscription des hy-
« pothèques légales ne doit être qu'une formalité et

« *non une condition nécessaire pour en assurer l'ef-*
« *fet* » (1).

Mais qu'est-ce que l'*effet* des hypothèques, sinon *la préférence* qu'elles assurent (2093-2094-2114, § 1er)?

Ces paroles décisives sont donc ouvertement méconnues, puisque la jurisprudence ne dispense de l'inscription pour assurer le rang *que tant qu'il n'y aura pas de purge*, et en exigeant une inscription dès qu'il y a purge, elle subordonne nécessairement l'*effet utile* de ces hypothèques à une inscription.

Le premier Consul disait, il est vrai, immédiatement après, qu'il fallait cependant *établir un moyen de purger les hypothèques légales;* mais il entendait sans doute le mot PURGER dans le sens où il était *universellement* reçu, dans le sens que lui donnait la loi de brumaire elle-même (art. 32), et par suite, dans sa pensée comme dans celle du conseil, l'accomplissement de la purge ne pouvait pas compromettre le rang assuré à la femme et au mineur.

LXXX. Comment donc, quand tout s'est passé ainsi en plein jour, et comme à la lumière du soleil, a-t-on pu se méprendre sur l'esprit et le sens du dénoûment plus pacifique que violent de ce grave conflit,

(1) *Vide supra*, pag. 97 et 98. — C'était là l'*idée fixe* du premier Consul, et cette idée avait été *évidemment* acceptée par le conseil d'État.

dénoûment d'où la loi est sortie toute vivante? Je l'explique principalement par deux causes différentes : J'ai déjà indiqué la première dans mes observations préliminaires, et je me borne aussi à la rappeler. On a trop resserré le terrain de la discussion, en interceptant le grand mouvement de l'histoire et de la philosophie du droit, en négligeant l'enchaînement des systèmes qui se sont succédé, en ne donnant pas assez d'importance au rôle que M. Treilhard a joué dans la rédaction de la loi, et au contraste frappant et décisif qui existe entre la rédaction des anciens édits sur la purge, et celle de l'art. 2195; en ne reconstituant pas assez fortement le milieu dans lequel le Code a été fait, pour se livrer trop souvent à une froide anatomie de quelques textes; en confondant perpétuellement la *restriction* et la *purge;* en oubliant surtout les dernières paroles de Napoléon, qui clôturèrent la discussion et en résumèrent toute la pensée (1), et les résolutions si concluantes que contient le procès-verbal de la séance (2).

Ce qui a concouru à ces dangereuses et funestes interprétations, c'est l'influence occulte et mystérieuse des tendances industrielles et mercantiles de notre époque. Si, en nivôse et pluviôse de l'an xii, une réaction puissante s'était faite contre la loi de brumaire

----

(1) *Vid. supra*, pag. 97 et suiv.
(2) *Ibid.*

an vii, de notre temps une réaction moins grande sans doute, mais pourtant considérable, s'est produite contre le système du Code. On la trouve formulée dans tous les projets de réforme hypothécaire dont nous avons été récemment inondés, projets qui, comme on le sait, n'ont pu aboutir quand la question a été mise sur le métier législatif.

Mais si elle a été impuissante pour renverser la législation du Consulat, la réaction, agissant sur plus d'un esprit, a eu assez d'autorité pour conduire la jurisprudence dans de fausses voies, et encore plus pour l'y maintenir.

Sachons nous préserver de ces influences dangereuses, et expliquons les lois par l'esprit des temps où elles ont été faites, et non par celui des époques qui les suivent, sans quoi la mission de l'interprète ou du juge usurpera nécessairement celle du législateur.

Ces pages ne sont pas écrites pour dissuader les personnes intéressées de prendre inscription dans les délais prescrits par la loi. Je dois avoir plus que tout autre une profonde déférence pour la maxime romaine : *Meliùs est intacta jura servare quam post vulneratam causam remedium quærere*, et mon travail n'a qu'un but unique, celui de démontrer les vices d'une jurisprudence qui me paraît atteinte du plus regrettable matérialisme.

Si les jurisconsultes et les cours de justice jugeaient si sévèrement la déchéance de la femme décrétée par l'édit, bien qu'elle fût justifiée par des motifs sérieux, comment devons-nous la juger quand on ne peut donner à l'appui aucune raison solide ?

J'ignore quelle direction prendront définitivement les esprits sur le grave problème que je viens d'examiner. Mais si la jurisprudence venait à persévérer, ce qu'à Dieu ne plaise ! dans la fausse voie où elle s'est engagée, il faut que les jurisconsultes et les hommes chargés de l'enseignement des lois modifient ou plutôt changent radicalement le langage doctrinal, historique, philologique et philosophique reçu jusqu'à nos jours. Il faudra en effet dire à compter de ce moment que la purge est non pas seulement un moyen de modérer le droit de suite, et un acheminement à l'extinction de l'hypothèque, mais bien un mode direct d'extinction pur et simple de cette hypothèque, comme aussi que le droit de suite et le droit de préférence sont unis entre eux d'une manière indivisible. Il faudra déclarer qu'il existe des déchéances décrétées sans aucun motif, et qu'il est *permis de les suppléer* ; il faudra proclamer la restauration de l'édit de 1771 et de la loi du 11 brumaire an VII, et livrer ainsi de nouveau le sort de la famille aux exigences despotiques des intérêts matériels. Il faudra enfin enseigner qu'il n'y a plus pour la femme mariée et le mineur une hypothèque légale dispensée d'inscription, mais bien un privilége *sui generis*, soumis à la formalité de l'inscription dans les délais accordés pour la purge, et en jetant ainsi la perturbation dans le langage et l'économie du Code, supprimer, de par l'autorité d'une théorie nouvelle, les art. 2121 et 2135, et les remplacer par un paragraphe qui, ajouté, soit à l'art. 2109, soit à l'art. 2111, consacrera le privilége bâtard (1) dont je viens de parler.

Mais rassurons-nous, car il n'est pas possible que la haute sagesse de la Cour suprême n'apporte un remède au mal immense ou plutôt incalculable qui a été signalé, et qu'avaient, au reste, si exactement prévu les tribunaux d'appel d'Aix, de Bruxelles et de Limoges (2).

(1) Je comprends qu'un privilége puisse dégénérer en hypothèque (2113) ; mais une hypothèque se transformer en *privilége*, cela ne se comprend pas. J'ai pu qualifier ce privilége de *bâtard*, car il ne primerait pas tous les créanciers hypothécaires, mais seulement ceux qui sont postérieurs au mariage (1572, 2095, 2121, 2135, 2194, analysés et combinés).

(2) *Vid. supra*, pag. 79, 80 et suiv.

TABLE SOMMAIRE

Des divisions et subdivisions principales de la monographie

SUR LE DROIT DE PRÉFÉRENCE.

	Pages
OBSERVATIONS PRÉLIMINAIRES.	5
PREMIÈRE PARTIE. Histoire de l'ancien droit.	15
TITRE Ier. Du droit romain.	ib.
TITRE II. De l'ancien droit français.	27
CHAP. Ier. Du droit antérieur à l'édit de 1771, ou du système des décrets volontaires.	ib.
CHAP. II. Du système de purge établi par l'édit de 1771.	45
DEUXIÈME PARTIE. Législation transitoire. Loi du 9 messidor an III.	65
TROISIÈME PARTIE. Travaux préparatoires du Code Napoléon.	75
ART. 1er. Projet de la commission du gouvernement.	ib.
ART. 2. Observations des tribunaux d'appel et du tribunal de cassation sur le projet.	79
ART. 3. De la discussion au conseil d'État.	86
QUATRIÈME PARTIE. Réfutation de la doctrine de la Cour de cassation.	103
CHAP. Ier. 1er motif : Violation de l'art. 2180 du Code Napoléon.	107
CHAP. II. 2e motif : Fausse interprétation et fausse application des art. 2135, 2103, 2104, 2195, Code Napoléon.	123
DERNIÈRES OBSERVATIONS.	175

FIN.

Paris. — Impr. Lacour et Cᵉ, rue Soufflot, 16.